se acabó el tiempo

conectando los puntos de la profecía bíblicacon los eventos actuales del mundo s

EL VIGILANTE

DARREN J. SHIRLEY

Me gustaría dedicar este libro a mi esposa Lanoi y a todos aquellos que tienen fe en Cristo, así como a quienes necesitan pruebas de la esperanza bendita, el rapto de la iglesia, y que buscan las señales de su pronto regreso."

Tabla de contenido

QUÉ ES EL RAPTO

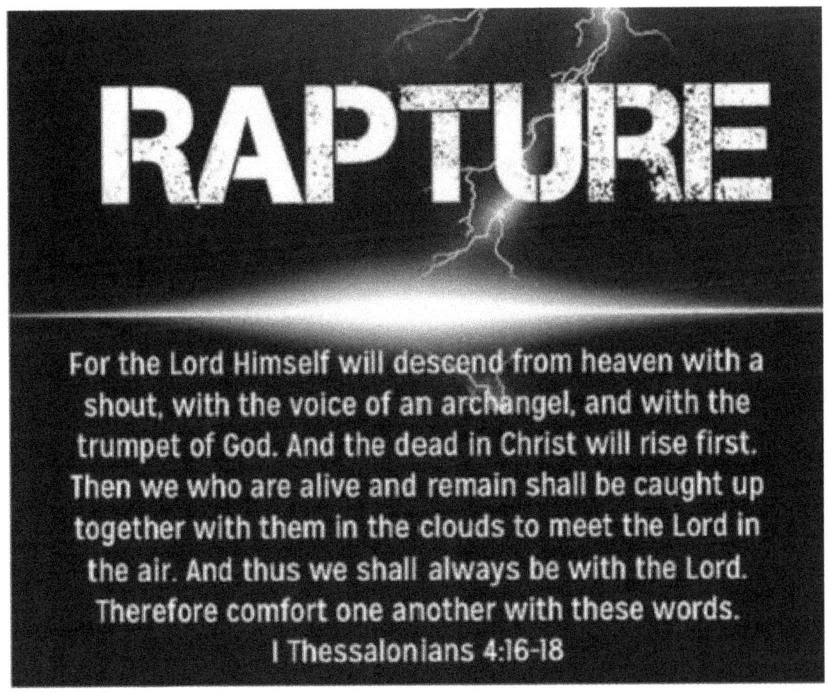

Este libro está escrito utilizando la teoría dispensacional.

Los dispensacionalistas sostienen que la interpretación literal de la Biblia es la mejor hermenéutica. La interpretación literal da a cada palabra el significado que comúnmente tendría en el uso cotidiano. Se permiten símbolos, figuras retóricas y tipos, por supuesto. Se entiende que incluso los símbolos y expresiones figurativas tienen significados literales detrás de ellos. Así que, por ejemplo, cuando la Biblia habla de "mil años" en Apocalipsis 20, los dispensacionalistas lo interpretan como un período literal de 1,000 años (la dispensación del Reino), ya que no hay una razón convincente para interpretarlo de otro modo.

Hay al menos dos razones por las que el literalismo es la mejor manera de ver las Escrituras. Primero, filosóficamente, el propósito del lenguaje mismo requiere que interpretemos las palabras de manera literal. El lenguaje fue dado por Dios con el propósito de poder comunicarse. Las palabras son portadoras de significado. La segunda razón es bíblica. Cada profecía sobre Jesucristo en el Antiguo Testamento se cumplió literalmente. El nacimiento, ministerio, muerte y resurrección de Jesús ocurrieron exactamente como lo predijo el Antiguo Testamento. Las profecías fueron literales. No hay un cumplimiento no literal de las profecías mesiánicas en el Nuevo Testamento. Esto argumenta fuertemente a favor del método literal. Si no se usa una interpretación literal al estudiar las Escrituras, no hay un estándar objetivo para entender la Biblia. Cada persona podría interpretar la Biblia como mejor le parezca. La interpretación bíblica se degradaría a "lo que este pasaje me dice" en lugar de "lo que dice la Biblia". Lamentablemente, este ya es el caso en gran parte de lo que hoy se llama estudio bíblico.

La teología dispensacional enseña que hay dos pueblos distintos de Dios: Israel y la Iglesia. Los dispensacionalistas creen que la salvación siempre ha sido por gracia mediante la fe únicamente—en Dios en el Antiguo Testamento y específicamente en el Hijo de Dios en el Nuevo Testamento.

Los dispensacionalistas sostienen que la Iglesia no ha reemplazado a Israel en el plan de Dios y que las promesas del Antiguo Testamento a Israel no han sido transferidas a la Iglesia. El dispensacionalismo enseña que las promesas que Dios hizo a Israel en el Antiguo Testamento (por tierra, muchos descendientes y bendiciones) se cumplirán finalmente en el período de 1,000 años mencionado en Apocalipsis 20.

Los dispensacionalistas creen que, así como Dios en esta era está centrando Su atención en la Iglesia, nuevamente en el futuro enfocará Su atención en Israel (ver Romanos 9–11 y Daniel 9:24).

Los dispensacionalistas entienden que la Biblia está organizada en siete dispensaciones: Inocencia (Génesis 1:1—3:7), Conciencia (Génesis 3:8—8:22), Gobierno Humano (Génesis 9:1—11:32), Promesa (Génesis 12:1—Éxodo 19:25), Ley (Éxodo 20:1—Hechos 2:4), Gracia (Hechos 2:4—Apocalipsis 20:3) y el Reino Milenario (Apocalipsis 20:4-6). Nuevamente, estas dispensaciones no son caminos hacia la salvación, sino formas en que Dios se relaciona con el hombre. Cada dispensación incluye un patrón reconocible de cómo Dios trabajó con las personas que vivían en esa dispensación. Ese patrón es 1) una responsabilidad, 2) un fracaso, 3) un juicio y 4) gracia para seguir adelante.

El dispensacionalismo, como sistema, resulta en una interpretación premilenial de la segunda venida de Cristo y, por lo general, en una interpretación pretribulacional del rapto. Para resumir, el dispensacionalismo es un sistema teológico que enfatiza la interpretación literal de las profecías bíblicas, reconoce una distinción entre Israel y la Iglesia, y organiza la Biblia en diferentes dispensaciones o administraciones.

CAPÍTULO 1

ES REAL EL RAPTO

"Qué es el rapto y dónde está en la Biblia? "

El rapto es nuestra esperanza bendita. Es la promesa de Jesús de que vendrá a recoger a la iglesia para Sí mismo antes de que Su gran ira sea derramada al final de los tiempos. Una pregunta que se hace a menudo es: "¿Dónde está la palabra 'rapto' en la Biblia?" Bueno, depende de la Biblia que estés usando. Si usas una Biblia en inglés, no encontrarás la palabra 'rapto'. Sin embargo, la Biblia en inglés es una traducción del griego, hebreo, arameo y latín originales.

La palabra 'rapto' proviene de la palabra griega original 'harpazo', que significa ser arrebatado o llevado a la fuerza. En la traducción latina, es *rapio* o *raptus*, de donde obtenemos la palabra *rapto*. El propósito del rapto es librar a la iglesia de la ira de Dios.

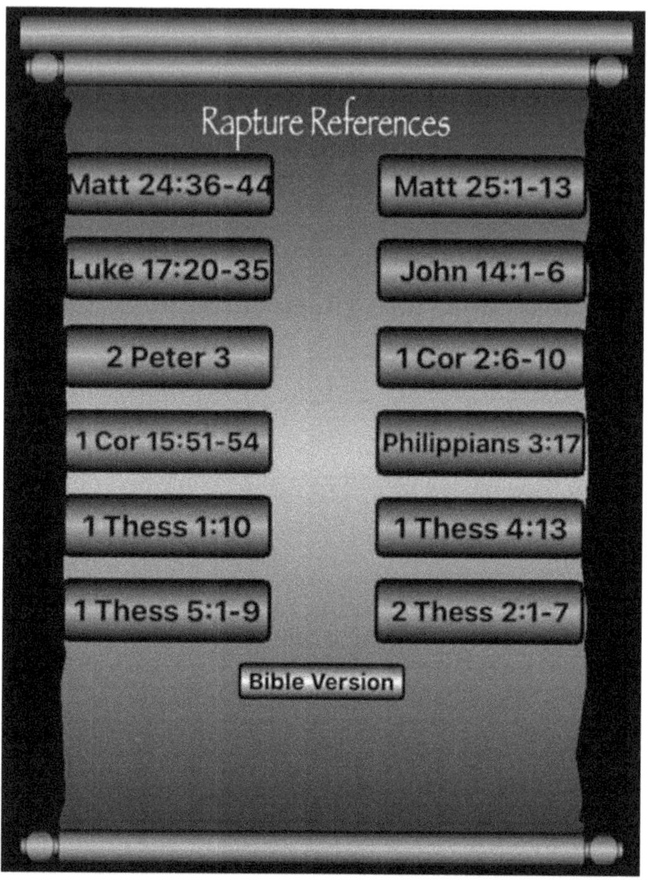

El Nuevo Testamento enfatiza que los creyentes durante la era de la iglesia están exentos de la ira de Dios, que será desatada durante los siete años de la tribulación. Por ejemplo, 1 Tesalonicenses 1:10 habla de Jesús librando a los creyentes de la ira venidera, y 1 Tesalonicenses 5:9 afirma que Dios no nos ha destinado para sufrir ira, sino para recibir salvación por medio de Jesucristo. Tito 2:13 (NVI) dice:

'mientras aguardamos la bendita esperanza: la gloriosa venida de nuestro gran Dios y Salvador, Jesucristo.'

Estas referencias apoyan aún más la noción de que la iglesia no experimentará las pruebas de la tribulación y fomentan la anticipación del regreso de Cristo.

En el libro de Apocalipsis, el término 'iglesia' aparece 20 veces, con 19 apariciones en los primeros tres capítulos. Después de eso, la iglesia está notablemente ausente de la narrativa hasta Apocalipsis 22:16, lo que plantea preguntas importantes sobre su papel durante el período de la tribulación. Específicamente, en Apocalipsis 6:2-18, hay una notable falta de mención de la iglesia en la Tierra durante este tiempo de gran angustia. Es intrigante que las escrituras no proporcionen guía a los creyentes sobre cómo soportar la tribulación, lo cual sería esperado si la iglesia permaneciera presente. Esta ausencia puede interpretarse como una implicación significativa que sugiere que la iglesia no estará en la Tierra durante estos eventos.

El versículo más popular sobre el rapto es 1 Tesalonicenses 4:13-18 (NVI):

[13] Hermanos, no queremos que ignoren lo que pasa con los que ya han muerto, para que no se entristezcan como esos otros que no tienen esperanza. [14] Si creemos que Jesús murió y resucitó, también creemos que Dios resucitará con Jesús a los que murieron en unión con él. [15] Conforme a lo dicho por el Señor, afirmamos que nosotros, los que estemos vivos y hayamos quedado hasta la venida del Señor, de ninguna manera nos adelantaremos a los que murieron. [16] El Señor mismo descenderá del cielo con voz de mando, con voz de arcángel y con trompeta de Dios, y los muertos en Cristo resucitarán primero. [17] Luego, los que estemos vivos, los que hayamos quedado, seremos arrebatados junto con ellos en las nubes para encontrarnos con el Señor en el aire. Y así estaremos con el Señor para siempre. [18] Por lo tanto, anímense unos a otros con estas palabras.

1 Tesalonicenses 2:1-12 (NVI)

[1] Ahora bien, hermanos, en cuanto a la venida de nuestro Señor Jesucristo y a nuestro encuentro con él, les rogamos [2] que no pierdan la cabeza ni se alarmen por ciertas profecías, ni por mensajes orales o escritos, supuestamente nuestros, que digan que el día del Señor ya ha llegado. [3] No se dejen engañar de ninguna manera, porque antes de ese día tiene que llegar la rebelión, y manifestarse el hombre de

maldad, el destructor por naturaleza. [4] Este se opondrá y se levantará contra todo lo que lleva el nombre de Dios o es objeto de adoración, hasta el punto de adueñarse del templo de Dios y pretender ser Dios. [5] ¿No recuerdan que ya les hablaba de esto cuando estaba con ustedes? [6] Bien saben qué es lo que lo detiene por ahora, para que a su debido tiempo se manifieste. [7] Es cierto que el misterio de la maldad ya está ejerciendo su poder, pero falta que sea quitado de en medio el que ahora lo detiene. [8] Entonces se manifestará aquel malvado, a quien el Señor derrocará con el soplo de su boca y destruirá con el esplendor de su venida. [9] El malvado vendrá por obra de Satanás, con toda clase de milagros, señales y prodigios falsos, [10] y con toda perversidad engañará a los que se pierden por haberse negado a amar la verdad y así ser salvos. [11] Por eso Dios permite que, por el poder del engaño, crean en la mentira [12] y sean condenados todos los que no creyeron en la verdad, sino que se deleitaron en el mal.

2nd Tesalonicenses 5:1-11 (NVI)

[1] Ahora bien, hermanos, con respecto a los tiempos y las fechas, no necesitamos escribirles, [2] porque ya saben que el día del Señor llegará como ladrón en la noche. [3] Cuando estén diciendo: 'Paz y seguridad,' les sobrevendrá la destrucción de repente, como los dolores de parto a una mujer encinta. Y no escaparán. [4] Pero ustedes, hermanos, no están en la oscuridad para que ese día los sorprenda como un ladrón.

[5] Todos ustedes son hijos de la luz y del día. No somos de la noche ni de la oscuridad. [6] No debemos, pues, dormirnos como los demás, sino mantenernos alerta y en nuestro sano juicio. [7] Los que duermen, de noche duermen, y los que se emborrachan, de noche se emborrachan. [8] Nosotros que somos del día, por el contrario, estemos siempre en nuestro sano juicio, protegidos por la coraza de la fe y del amor, y por el casco de la esperanza de salvación. [9] Porque Dios no nos destinó a sufrir el castigo, sino a recibir la salvación por medio de nuestro Señor Jesucristo. [10] Él murió por nosotros para que, en la vida o en la muerte, vivamos junto con él. [11] Por eso, anímense y edifíquense unos a otros, tal como lo vienen haciendo.

1 Tesalonicenses 1:10 (NVI)

"Y a esperar que regrese del cielo su Hijo, a quien resucitó de entre los muertos: Jesús, que nos libra del castigo venidero."

1 Corintios 15:51-52 (NVI)

[51] Fíjense bien en el misterio que les voy a revelar: no todos moriremos, pero todos seremos transformados, [52] en un instante, en un abrir y cerrar de ojos, al toque final de la trompeta. Pues sonará la trompeta, y los muertos resucitarán con un cuerpo incorruptible, y nosotros seremos transformados.

Apocalipsis 3:10 (NVI)

"Ya que has guardado mi mandato de ser constante, yo también te guardaré de la hora de la prueba que va a venir sobre el mundo entero para poner a prueba a los que viven en la tierra."

2 Pedro 3:8-10 (NVI)

[8] Pero no olviden, queridos amigos, que para el Señor un día es como mil años y mil años son como un día. [9] El Señor no tarda en cumplir su promesa, según entienden algunos la tardanza. Más bien, Él tiene paciencia con ustedes, porque no quiere que nadie perezca, sino que todos se arrepientan. [10] Pero el día del Señor vendrá como un ladrón. Los cielos desaparecerán con un estruendo; los elementos serán destruidos por el fuego, y la tierra, con todo lo que hay en ella, será desnudada.

Lucas 17:20-36 (NVI)

[20] En una ocasión, los fariseos le preguntaron a Jesús cuándo iba a venir el reino de Dios. Jesús les respondió: "La venida del reino de Dios no es algo que se pueda observar, [21] ni se dirá: *'Aquí está'* o *'Allí está,'* porque *el reino de Dios ya está entre ustedes.*" [22] Luego dijo a sus discípulos: "Llegará el tiempo en que ustedes desearán ver uno de los días del Hijo del hombre, pero no lo verán. [23] Les dirán: '¡Aquí está!' o '¡Allí está!' No salgan corriendo tras ellos. [24] Porque el Hijo del hombre en su día será como el relámpago que ilumina el cielo de un

extremo al otro. [25] Pero primero es necesario que Él sufra mucho y sea rechazado por esta generación. [26] *"Tal como sucedió en los días de Noé, así también será en los días del Hijo del hombre. [27] La gente comía, bebía, se casaba y daba en matrimonio hasta el día en que Noé entró en el arca; entonces vino el diluvio y los destruyó a todos. [28] "Lo mismo sucedió en los días de Lot. La gente comía, bebía, compraba, vendía, plantaba y construía. [29] Pero el día en que Lot salió de Sodoma, llovió fuego y azufre del cielo, y los destruyó a todos. [30] "Así será el día en que el Hijo del hombre sea revelado. [31] En ese día, el que esté en la azotea de su casa, y tenga sus bienes adentro, no debe bajar a buscarlos. Del mismo modo, el que esté en el campo no debe regresar por nada. [32] ¡Recuerden a la esposa de Lot! [33] Quien intente conservar su vida, la perderá; y quien la pierda, la preservará. [34] Les digo que en esa noche dos personas estarán en una cama; una será tomada y la otra dejada. [35] Dos mujeres estarán moliendo juntas; una será tomada y la otra dejada."*

Mateo 24:36-44 (NVI)

[36] "Pero acerca de ese día u hora nadie lo sabe, ni siquiera los ángeles en el cielo, ni el Hijo, sino solo el Padre. [37] Tal como sucedió en los días de Noé, así será en la venida del Hijo del hombre. [38] Porque en los días anteriores al diluvio, la gente comía, bebía, se casaba y se daba en matrimonio, hasta el día en que Noé entró en el arca; [39] y no

supieron nada de lo que sucedería hasta que vino el diluvio y se los llevó a todos. Así será en la venida del Hijo del hombre. [40] Dos hombres estarán en el campo; uno será tomado y el otro dejado. [41] Dos mujeres estarán moliendo con un molino de mano; una será tomada y la otra dejada. [42] "Por lo tanto, manténganse despiertos, porque no saben qué día vendrá su Señor. [43] Pero entiendan esto: Si el dueño de la casa hubiera sabido a qué hora de la noche iba a venir el ladrón, habría estado vigilando y no habría permitido que entraran en su casa. [44] Por eso, también ustedes deben estar preparados, porque el Hijo del hombre vendrá cuando menos lo esperen."

Mateo 25:1-13 (NVI)

[1] *"En aquel tiempo el reino de los cielos será como diez vírgenes que tomaron sus lámparas y salieron a recibir al novio. [2] Cinco de ellas eran insensatas y cinco prudentes. [3] Las insensatas tomaron sus lámparas, pero no llevaron aceite consigo. [4] Las prudentes, sin embargo, llevaron aceite en frascos junto con sus lámparas. [5] El novio tardaba en llegar, y todas se adormecieron y se durmieron. [6]* "A medianoche se oyó un grito: '¡Aquí viene el novio! ¡Salgan a recibirlo!' [7] "Entonces todas las vírgenes se despertaron y arreglaron sus lámparas. [8] Las insensatas dijeron a las prudentes: 'Denos un poco de su aceite; nuestras lámparas se están apagando.' [9] 'No,' respondieron ellas, 'porque tal vez no haya suficiente para nosotras y ustedes. Vayan a los que venden aceite y

cómprenlo para ustedes mismas.' [10] *"Pero mientras iban a comprar el aceite, llegó el novio. Las vírgenes que estaban preparadas entraron con él al banquete de bodas. Y se cerró la puerta.* [11] "Después llegaron también las otras. 'Señor, Señor,' dijeron, '¡ábrenos la puerta!' [12] Pero Él les respondió: 'Les aseguro que no las conozco.' [13] *"Por lo tanto, manténganse despiertos, porque no saben el día ni la hora."*

Juan 14:1-4 (NVI)

[1] "No se angustien. Confíen en Dios y confíen también en mí. [2] En la casa de mi Padre hay muchas habitaciones; si no fuera así, ¿les habría dicho que voy a prepararles un lugar? [3] Y si me voy y se lo preparo, vendré para llevármelos conmigo. Así ustedes estarán donde yo esté. [4] Ustedes ya conocen el camino para ir adonde voy."

Como ven, Jesús aquí está hablando claramente del rapto al cielo en lugar de la segunda venida, cuando regresa a la Tierra.

1. Apocalipsis 1:7: Este versículo dice: "Miren que viene en las nubes, y todos lo verán con sus propios ojos, incluso quienes lo traspasaron; y por Él harán lamentación todos los pueblos de la tierra. ¡Así será! Amén." Este pasaje enfatiza la visibilidad del regreso de Cristo y su importancia.

2. Apocalipsis 19:11-16: Esta sección describe la visión del regreso triunfante de Cristo como guerrero. Lo retrata

montado en un caballo blanco, con el nombre "Fiel y Verdadero," y una espada afilada que sale de su boca para golpear a las naciones. Este pasaje destaca su autoridad y el establecimiento de su reinado.

3. Apocalipsis 20:1-6: Esta parte habla del reinado de mil años de Cristo en la Tierra, conocido como el Milenio. Describe la atadura de Satanás y el reinado de Cristo con sus santos durante este período.

CAPÍTULO 2
LA CENA DE BODAS DEL CORDERO

Paralelo de una boda judía

El primer milagro público que realizó Jesús tuvo lugar en una boda. Durante la Boda en Caná, Él convirtió el agua en vino. ¿Alguna vez te has preguntado por qué Jesús comenzó su ministerio público en una boda? A lo largo del Nuevo Testamento, la Palabra de Dios deja claro que las tradiciones de una boda judía del siglo I se alinean con nuestra relación con Jesús. La relación entre el novio y la novia se usa en varios lugares para describir nuestra relación con Él, lo que explica los múltiples paralelismos entre una boda judía y los eventos del fin de los tiempos.

La casa del Padre

En una boda judía del siglo I, el novio dejaba su casa y se dirigía a la casa de su novia. Después de pagar el precio por la novia (una dote conocida como *mohar*), se establecía el pacto matrimonial, y el joven y la joven se convertían en marido y mujer. Para simbolizar ese pacto, bebían juntos de una copa de vino. Tras establecer el pacto, el novio dejaba a su novia en su hogar y regresaba a la casa de su padre. Aunque ya estaban considerados como casados, no vivían juntos ni consumaban el matrimonio sexualmente. En este punto, el novio y la novia permanecían separados durante unos 12 meses. Durante este tiempo de separación, el novio preparaba un lugar para la novia, generalmente en la casa de su padre. El novio no podía regresar a buscar a su novia hasta que el padre le diera permiso.

Vigilancia y espera

Mientras tanto, la novia esperaba en casa, preparándose para el regreso de su novio. Ella sabía, en términos generales, cuándo él volvería para recogerla, pero no sabía exactamente cuándo ocurriría, porque esa decisión la tomaba el padre. Sin embargo, a medida que se acercaba el momento, mantenía las lámparas encendidas, por si acaso. Jesús hizo referencia a esta tradición cuando contó la Parábola de las Diez Vírgenes en Mateo 25. Es una parábola sobre estar preparados para encontrarse con Él, aunque no sabemos "ni el día ni la hora en que el Hijo del Hombre vendrá" (Mateo 25:13).

Como la novia no sabía el momento exacto del regreso de su novio, su llegada siempre era precedida por un grito que anunciaba su inminente partida. Con gran alboroto, la comitiva de la boda se reunía cuando el novio iba a buscar a su novia. Luego, viajaban juntos a la casa del padre del novio.

Cuando llegaban, consumaban su matrimonio en la cámara nupcial que el novio había preparado. Luego se unían a la fiesta de bodas que los esperaba afuera, y todos celebraban juntos durante los siguientes siete días.

Las bodas del Cordero

Espero que veas los paralelismos entre esta tradición y las profecías a lo largo de la Biblia sobre el Rapto.

- Hemos sido salvos y presentados a Jesús como una novia pura. En 2 Corintios 11:2, Pablo compara esto con el proceso de compromiso o desposorio: "Porque os celo con celo de Dios, pues os he desposado con un solo esposo, para presentaros como una virgen pura a Cristo."

- Jesús se ha separado temporalmente de nosotros para estar con Su Padre. Él está preparando un lugar para nosotros allí. "Y si me voy y os preparo lugar, vendré otra vez y os tomaré a mí mismo, para que donde yo estoy, vosotros también estéis" (Juan 14:3).

- Jesús dijo que ninguno de nosotros conoce el día ni la hora de Su regreso. Ni siquiera el Hijo lo sabe, porque el momento será determinado por Dios, el Padre.

- Aunque no podemos predecir el momento exacto, tenemos una idea de cuándo regresará. Esto es porque nos animó a mantenernos alerta y prestar atención a las señales de Su regreso. "Velad, pues, porque no sabéis a qué hora ha de venir vuestro Señor" (Mateo 24:42).

- Cuando llegue el momento, el Rapto será anunciado con un grito, según 1 Tesalonicenses 4:16. Pablo escribe: "Porque el Señor mismo descenderá del cielo con aclamación, con voz de arcángel, y con trompeta de Dios."

- El pasaje en 1 Tesalonicenses continúa diciendo que seremos arrebatados y nos reuniremos con Él para "recibir al Señor en el aire." Luego, nos llevará al lugar que ha preparado para nosotros, la casa de Su Padre, donde celebraremos.

- La celebración tradicional de una boda judía duraba siete días. Después del Rapto, el mundo experimentará siete años de tribulación. Durante ese mismo período de siete años, los creyentes celebrarán la Cena de las Bodas del Cordero.

- La última boda en la historia humana será la unión entre Dios y Su pueblo, que tendrá lugar en la Nueva Jerusalén, la ciudad santa, donde "Dios enjugará toda lágrima de los ojos de ellos; y ya no habrá muerte, ni habrá más llanto, ni clamor, ni dolor, porque las primeras cosas pasaron" (Apocalipsis 21:4).

- Mientras esperamos esta celebración que transformará el universo, debemos vivir conscientes de que nuestro Novio viene pronto. Nos mantenemos puros y santos. Sabemos que Él prepara un lugar para nosotros en la casa de Su Padre, así que vigilamos y esperamos Su regreso. Como canta la multitud en Apocalipsis 19:7: "Gocémonos y alegrémonos y démosle gloria; porque han llegado las bodas del Cordero, y su esposa se ha preparado."

Estás listo?

CAPÍTULO 3

LA SEGUNDA VENIDA DE CRISTO

La segunda venida de Jesucristo es una doctrina fundamental en el cristianismo, que señala el regreso anticipado del Hijo de Dios a la Tierra. Este capítulo busca examinar en profundidad la segunda venida, centrándose en sus fundamentos bíblicos, su significado teológico y los eventos clave que se espera que ocurran durante esta ocasión extraordinaria. Al explorar estos elementos, podemos mejorar nuestra comprensión de las profundas y transformadoras implicaciones de la segunda venida.

Fundamentos bíblicos

La idea de la segunda venida está firmemente arraigada en numerosos pasajes bíblicos que afirman la promesa del regreso de Cristo. Por ejemplo, en Hechos 1:11, mientras Jesús ascendía al cielo, dos ángeles proclamaron a los discípulos: "Este mismo Jesús, que ha sido llevado de entre ustedes al cielo, vendrá de la misma manera que lo han visto irse al cielo." Esta declaración establece la certeza del regreso de Cristo y sienta las bases para futuras enseñanzas sobre el tema.

Pasajes adicionales, como Mateo 24:30, 1 Tesalonicenses 4:16 y Apocalipsis 1:7, refuerzan aún más la certeza de la segunda venida de Cristo. Estas escrituras ilustran la magnífica naturaleza de este evento, enfatizando el regreso visible y glorioso de Jesús para reclamar Su creación, juzgar a los vivos y a los muertos, y establecer Su reino eterno.

Significado teológico

La segunda venida tiene una inmensa importancia teológica dentro de los sistemas de creencias cristianas. Marca la culminación del plan redentor de Dios, señalando la victoria definitiva sobre el pecado, el mal y la muerte. Este evento ejemplifica la expresión más plena de la justicia, misericordia y amor de Dios, trayendo el cumplimiento de Sus propósitos divinos para la humanidad y la creación.

Además, la segunda venida significa la realización de las profecías encontradas tanto en el Antiguo como en el Nuevo Testamento. El regreso de Jesús reafirma la fiabilidad de la Palabra de Dios, reforzando la autoridad divina y la confianza en las Escrituras. También destaca la realidad de la resurrección y la promesa de la vida eterna, proporcionando esperanza y seguridad a los creyentes ante las pruebas y tribulaciones terrenales.

Eventos anticipados

La segunda venida de Jesucristo implica varios eventos anticipados, cada uno con importantes implicaciones teológicas y escatológicas. Estos eventos abarcan la resurrección de los muertos, el Rapto de la iglesia, el juicio de todas las personas, la derrota de las fuerzas malignas y el establecimiento del reino eterno de Cristo, durante el cual los santos asumirán posiciones de autoridad.

La resurrección de los muertos es una característica central de la segunda venida, ya que Cristo resucitará tanto a los justos como a los injustos para el juicio. Los creyentes experimentarán una resurrección corporal durante el Rapto, recibiendo cuerpos glorificados y vida eterna, mientras que aquellos que lo rechazaron enfrentarán la separación eterna de Dios.

El Rapto, como se describe en 1 Tesalonicenses 4:17, se refiere a la reunión inmediata de los creyentes para encontrarse con Cristo en el aire. Este evento precede al período de tribulación, durante el cual Dios derramará Su ira sobre la tierra. El Rapto sirve como un medio de liberación para los creyentes, protegiéndolos del juicio venidero.

Además, la segunda venida incluye el juicio de todas las personas. En Mateo 25:31-46, Jesús ilustra la separación de las ovejas (creyentes) de los cabritos (incrédulos) durante el juicio final. Esta evaluación divina determinará las respuestas de los individuos al mensaje de salvación y su trato hacia los demás, enfatizando la importancia de la fe y las buenas obras.

Los santos no solo participarán en este evento trascendental, sino que también se les otorgarán posiciones de autoridad, gobernando y reinando con Cristo durante mil años. Este período, conocido como el Milenio, verá a los creyentes encargados de la gobernanza de varios aspectos de la creación, reflejando su fidelidad y servicio durante sus vidas terrenales.

Conclusión

La segunda venida de Jesucristo es un evento crucial con profundas implicaciones para los creyentes y para el mundo en general. Sus fundamentos bíblicos, su significado teológico y los eventos anticipados contribuyen a la esencia transformadora de esta futura ocurrencia. Como cristianos, aguardamos con ansias el regreso de nuestro Salvador, reconociendo la esperanza, redención y vida eterna que se realizarán plenamente en Su gloriosa segunda venida. Que sigamos viviendo en anticipación, sirviendo fielmente a Dios y compartiendo Su amor hasta que llegue ese día.

CAPÍTULO 4
EL RAPTO VS LA SEGUNDA VENIDA

Los conceptos del Rapto y la Segunda Venida de Cristo son fundamentales en la escatología cristiana, ya que representan dos eventos distintos que a menudo se confunden o se combinan. Comprender las diferencias entre estos dos sucesos es esencial para una comprensión completa de la profecía bíblica y el futuro de la Iglesia. Este capítulo explora las distinciones clave entre el Rapto, cuando la Iglesia se encuentra con el Señor en el aire antes de la tribulación, y la Segunda Venida, cuando Cristo regresa a la tierra después de la tribulación de siete años.

Definiciones y momento

El Rapto es el evento en el que los creyentes en Cristo son arrebatados de la tierra para encontrarse con el Señor en el aire. Se entiende generalmente que este evento ocurre antes de la Gran Tribulación, un período de intenso sufrimiento y juicio descrito en el Libro de Apocalipsis. El texto bíblico principal asociado con el Rapto es 1 Tesalonicenses 4:16-17, que describe cómo los muertos en Cristo resucitarán primero, seguidos por los creyentes vivos que serán arrebatados para encontrarse con el Señor.

Por otro lado, la Segunda Venida se refiere al regreso de Cristo a la tierra al final del período de la tribulación. Este evento se caracteriza por el regreso físico de Jesús para establecer Su reino y ejecutar juicio. Los pasajes clave que describen la Segunda Venida incluyen Apocalipsis 19:11-16, que presenta a Cristo regresando como un Rey conquistador, y Mateo 24:30-31, donde el Hijo del Hombre aparece en el cielo y envía a sus ángeles para reunir a los elegidos.

Propósito y naturaleza de los eventos

El propósito del Rapto es principalmente rescatar a la Iglesia de la ira inminente de Dios, que será derramada durante la tribulación. Sirve como una promesa de esperanza para los creyentes, afirmando que Dios no someterá a Sus seguidores fieles a las pruebas venideras. El Rapto se describe a menudo como un momento de alegría y celebración, en el que los creyentes se unen con Cristo y entre sí.

En contraste, la Segunda Venida tiene un doble propósito: cumplir las promesas proféticas hechas a Israel y juzgar a las naciones. Este evento marca la culminación del plan redentor de Dios y el establecimiento de un reino milenario en la tierra. A diferencia del Rapto, que se caracteriza por un encuentro privado con Cristo en el aire, la Segunda Venida es pública y visible para todos, como se describe en Apocalipsis 1:7, donde se dice que todos lo verán.

Participantes

Los participantes en el Rapto son exclusivamente los creyentes en Cristo: aquellos que lo han aceptado como Señor y Salvador, tanto los muertos como los vivos. Este evento subraya la relación única de la Iglesia con Cristo y enfatiza la gracia extendida a los creyentes.

Por otro lado, la Segunda Venida involucra tanto a los redimidos como a los no redimidos. En este momento, Cristo regresará para juzgar a los vivos y a los muertos. Los justos serán recompensados y entrarán en el reino milenario, mientras que los injustos enfrentarán juicio y condenación.

Evidencia bíblica e interpretaciones

Varios pasajes se citan para apoyar la doctrina del Rapto. Además de 1 Tesalonicenses 4:16-17, se hace referencia a Juan 14:1-3, donde Jesús promete preparar un lugar para sus seguidores y regresar para recibirlos. La interpretación de estas escrituras respalda la visión de que el Rapto ocurrirá antes de la tribulación.

Para la Segunda Venida, numerosas profecías del Antiguo Testamento, como Zacarías 14:4, describen el regreso del Mesías al Monte de los Olivos. En el Nuevo Testamento, pasajes como Mateo 24 y Apocalipsis 19 elaboran sobre la naturaleza y el significado del regreso de Cristo después de la tribulación.

Implicaciones teológicas

La distinción entre el Rapto y la Segunda Venida tiene importantes implicaciones teológicas. La creencia en el Rapto destaca la esperanza y expectativa de la Iglesia por el regreso inminente de Cristo, alentando a los creyentes a vivir en un estado de preparación y anticipación. Enfatiza la gracia y la liberación del juicio.

En contraste, la Segunda Venida se centra en el cumplimiento de las promesas de Dios a Israel, el establecimiento de Su reino y el triunfo final del bien sobre el mal. Este evento sirve como recordatorio de la soberanía y justicia de Dios en el mundo, así como de la responsabilidad de toda la humanidad ante Él.

Conclusión

En resumen, el Rapto de la Iglesia y la Segunda Venida de Cristo representan dos eventos distintos en la enseñanza escatológica cristiana. El Rapto significa el encuentro de la Iglesia con Cristo en el aire antes de la tribulación, sirviendo como una promesa de salvación y esperanza para los creyentes. La Segunda Venida, sin embargo, marca el regreso triunfante de Cristo a la tierra después de la tribulación, cumpliendo las promesas de Dios y ejecutando el juicio divino. Comprender estas diferencias no solo aclara la profecía bíblica, sino que también enriquece la fe y la esperanza de los creyentes mientras enfrentan los desafíos del presente.

CAPÍTULO 5
EL REINADO MILENARIO DE 1000 AÑOS

El concepto del reinado milenario de mil años de Jesucristo está arraigado principalmente en el Libro de Apocalipsis, aunque hay varios otros versículos a lo largo de la Biblia que están asociados con este tema. A continuación se presentan versículos clave que hacen referencia o implican el reinado milenario:

Versículos clave en Apocalipsis

1. Apocalipsis 20:1-6 (NVI)

"Vi a un ángel que descendía del cielo, con la llave del abismo y una gran cadena en la mano. Sujetó al dragón, la serpiente antigua, que es el diablo y Satanás, y lo encadenó por mil años. Lo arrojó al abismo, lo encerró y puso un sello sobre él, para que no engañara más a las naciones hasta que se cumplieran los mil años. Después de esto, debe ser liberado por un corto tiempo.

Vi tronos en los que se sentaron aquellos (la iglesia) a quienes se les dio autoridad para juzgar. También vi las almas de aquellos que fueron decapitados por su testimonio de Jesús y por la palabra de Dios. No habían adorado a la bestia ni a su imagen, y no habían recibido su marca en la frente ni en las manos. Volvieron a la vida y reinaron con Cristo durante mil años. (El resto de los muertos no volvió a vivir hasta que se cumplieron los mil años). Esta es la primera resurrección.

Bienaventurados y santos los que tienen parte en la primera resurrección. La segunda muerte no tiene poder sobre ellos, sino que serán sacerdotes de Dios y de Cristo, y reinarán con Él durante mil años."

Referencias del Antiguo Testamento

2. Isaías 2:2-4 (NVI)

"En los últimos días, el monte del templo del Señor será establecido como el más alto de los montes; será exaltado sobre las colinas, y todas las naciones correrán hacia él. Muchos pueblos vendrán y dirán: 'Vengan, subamos al monte del Señor, al templo del Dios de Jacob. Él nos enseñará sus caminos, y andaremos en sus sendas.' La ley saldrá de Sión, la palabra del Señor de Jerusalén. Él juzgará entre las naciones y resolverá disputas de muchos pueblos. Convertirán sus espadas en

arados y sus lanzas en hoces. Nación no levantará espada contra nación, ni se adiestrarán más para la guerra."

3.   Isaías 11:6-9 (NVI)

"El lobo vivirá con el cordero, el leopardo se acostará con el cabrito, el becerro y el león y el añojo juntos; y un niño pequeño los guiará. La vaca pastará con el oso, sus crías se echarán juntas, y el león comerá paja como el buey. El niño de pecho jugará cerca de la cueva del cobra, y el niño destetado meterá la mano en el nido de la víbora. No harán daño ni destruirán en todo mi monte santo, porque la tierra estará llena del conocimiento del Señor, como las aguas cubren el mar."

4.   Jeremías 23:5-6 (NVI)

"Vienen días, declara el Señor, en que levantaré para David un renuevo justo, un rey que reinará con sabiduría y hará lo que es justo y recto en la tierra. En sus días, Judá será salvo e Israel vivirá seguro. Y este será su nombre, con el cual será llamado: 'El Señor, nuestra justicia.'"

5.   Ezequiel 37:24-25 (NVI)

"Mi siervo David será rey sobre ellos, y todos tendrán un solo pastor. Seguirán mis leyes y se cuidarán de cumplir mis decretos. Vivirán en la tierra que le di a mi siervo Jacob, la tierra donde vivieron sus

antepasados. Ellos y sus hijos y los hijos de sus hijos vivirán allí para

siempre, y mi siervo David será su príncipe para siempre."

Referencias del Nuevo Testamento

6.   Mateo 19:28 (NVI)

"Jesús les dijo: 'En verdad les digo que, en la renovación de todas las

cosas, cuando el Hijo del Hombre se siente en su trono glorioso, ustedes

que me han seguido también se sentarán en doce tronos, juzgando a las

doce tribus de Israel.'"

7.   Lucas 1:32-33 (NVI)

"Él será grande y será llamado Hijo del Altísimo. El Señor Dios le dará

el trono de su padre David, y reinará sobre los descendientes de Jacob

para siempre; su reino no tendrá fin."

Estos versículos contribuyen colectivamente a la comprensión del reinado milenario de Cristo, ilustrando paz, justicia y un gobierno divino por mil años.

CAPÍTULO 6
UN NUEVO CIELO Y UNA NUEVA TIERRA

El concepto de un nuevo cielo y una nueva tierra se encuentra principalmente en el Libro de Apocalipsis, pero también se alude a él en otras partes de la Biblia. A continuación se presentan los versículos clave que hablan del nuevo cielo y la nueva tierra:

Versículos clave en Apocalipsis

1. Apocalipsis 21:1-4 (NVI)

"Después vi un cielo nuevo y una tierra nueva, porque el primer cielo y la primera tierra habían dejado de existir, y el mar ya no existía. Vi además la ciudad santa, la nueva Jerusalén, que bajaba del cielo, procedente de Dios, preparada como una novia hermosamente vestida para su prometido. Oí una potente voz que provenía del trono y decía: ¡Aquí, entre los seres humanos, está la morada de Dios! Él acampará en medio de ellos, y ellos serán su pueblo; Dios mismo estará con ellos y será su Dios. Él les secará toda lágrima de los ojos. Ya no habrá muerte,

ni llanto, ni lamento ni dolor, porque las primeras cosas han dejado de existir.'"

2. Apocalipsis 21:5-7 (NVI)

"El que estaba sentado en el trono dijo: '¡Yo hago nuevas todas las cosas!' Y añadió: 'Escribe, porque estas palabras son verdaderas y dignas de confianza.' También me dijo: '¡Ya todo está hecho! Yo soy el Alfa y la Omega, el Principio y el Fin. Al que tenga sed le daré de beber gratuitamente de la fuente del agua de la vida. El que salga vencedor heredará todo esto, y yo seré su Dios y él será mi hijo.'"

Referencias del Antiguo Testamento

3. Isaías 65:17 (NVI)

"Miren, voy a crear cielos nuevos y una tierra nueva. Lo pasado no será recordado, ni vendrá más a la memoria."

4. Isaías 66:22 (NVI)

"Así como los cielos nuevos y la tierra nueva que yo hago permanecerán delante de mí, declara el Señor, así permanecerán su nombre y sus descendientes."

Referencia del Nuevo Testamento

5. 2 Pedro 3:13 (NVI)

"Pero, según su promesa, esperamos un cielo nuevo y una tierra nueva,

en los que habite la justicia."

Estos versículos juntos describen la esperanza y la promesa de una creación transformada, donde Dios morará con Su pueblo y todas las tristezas pasadas serán borradas.

CAPÍTULO 7

CUÁN CERCA ESTAMOS DEL RAPTO?

Qué está sucediendo en nuestro mundo? Parece que la sociedad ha perdido su rumbo. Muchas personas parecen haber abandonado los principios morales fundamentales y los valores familiares, creyendo que los niños pueden determinar su propio género y que las leyes no tienen importancia. La cultura *woke* predominante sugiere que los sentimientos dictan la realidad, y si alguien se siente de cierta manera, se considera aceptable. La comunidad LGBTQ+++ está literalmente tratando de redefinir la creación de Dios. Mientras tanto, nos enfrentamos a guerras, recesiones económicas y una búsqueda general de respuestas. Cuando examinamos los eventos actuales a través del lente de la profecía bíblica, se vuelve cada vez más evidente que estamos viviendo en los últimos días, tal vez incluso en las últimas horas o minutos. Personalmente, si supiera que Cristo regresará este año, haría todo lo posible para que sea mi año más significativo. Esta realización me ha inspirado a escribir este libro, con el objetivo de llegar a aquellos que están abiertos a comprender las señales de los tiempos.

Qué harías tú?

Desde 2020, he estado esperando seriamente el rapto. Sabía que el COVID-19 era una "PLANdemia." Lo vi claramente desde el principio. He investigado mucho para demostrar que todo fue planeado por los globalistas que quieren crear un Nuevo Orden Mundial: un gobierno mundial, una moneda mundial y una religión mundial. Sabía que, con un engaño tan grande y maligno que abarcaba todo el mundo, la tribulación no podía estar muy lejos.

Por eso comencé a investigar intensamente durante los últimos cuatro años. Te sugiero que también hagas tu propia investigación. No voy a entrar en todas las pruebas de que el COVID fue una "estafademia" en este libro. En los capítulos posteriores, no cubriremos todos los detalles, pero exploraremos lo suficiente como para conectar los puntos entre lo que vemos hoy y las profecías bíblicas. Recomiendo ver el documental *Plandemic* en plataformas no censuradas como

Rumble, porque si solo ves los medios de comunicación convencionales, te habrás perdido...

han sido adoctrinados de cierta manera porque los globalistas poseen todas las grandes cadenas y controlan la narrativa

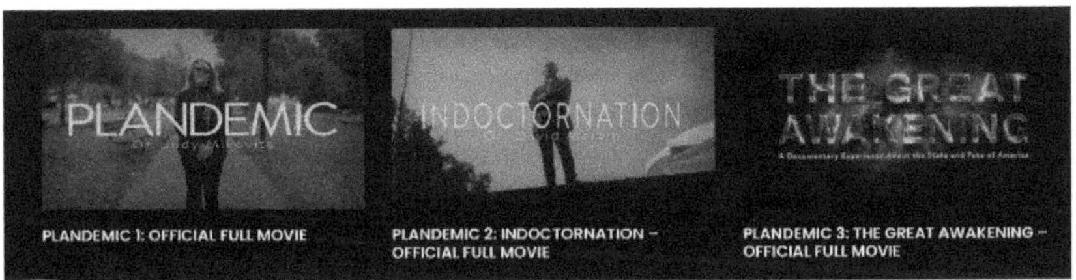

Somos la única generación que tiene la superseñal, que es el renacimiento de Israel en 1948.

Somos la única generación que tiene la "señal suprema," que es el renacimiento de Israel en 1948. Un evento mundial significativo que se alinea con la profecía bíblica es el renacimiento de Israel como nación. La restauración de Israel es vista por muchos estudiosos como el cumplimiento de profecías bíblicas, como Ezequiel 37:21-22, que predice la reunión de los israelitas dispersos de entre las naciones. Este evento tiene gran importancia en las discusiones escatológicas, ya que prepara el escenario para que se desarrollen otros eventos proféticos.

La Parábola de la Higuera

Matthew 24;32-35

NOW LEARN A PARABLE OF THE FIG TREE

May 14, 1948; ISRAEL BECAME A NATION

Verily I say unto you, This Generation shall not pass, till all these things be fulfilled

Y les dijo una parábola: "Miren la higuera, y todos los árboles; cuando ya brotan las hojas, ustedes mismos se dan cuenta y saben que el verano ya está cerca. Así también, cuando vean que suceden estas cosas, sepan que el reino de Dios está cerca. En verdad les digo, que esta generación no pasará hasta que todo esto haya sucedido. El cielo y la tierra pasarán, pero mis palabras no pasarán." — Lucas 21:29–33

Cuánto dura una generación

La Biblia dice en el Salmo 90:10:

"Los días de nuestra vida son setenta años;

Y si en los más robustos, son ochenta años."

2024 será el 76° cumpleaños de Israel.

En el Discurso del Monte de los Olivos, Jesús da muchos detalles sobre cómo serán los últimos tiempos.

Mateo 24:3-8 (NVI)

Cuando Jesús estaba sentado en el Monte de los Olivos, los discípulos se le acercaron en privado y le preguntaron: "Dinos, ¿cuándo sucederán estas cosas, y cuál será la señal de tu venida y del fin del mundo?"

Jesús les respondió: "Tengan cuidado de que nadie los engañe.

Porque muchos vendrán en mi nombre, diciendo: 'Yo soy el Cristo,' y engañarán a muchos.

Ustedes oirán de guerras y rumores de guerras, pero no se alarmen. Es necesario que todo esto suceda, pero aún no será el fin.

Se levantará nación contra nación y reino contra reino. Habrá hambres y terremotos en diferentes lugares.

[8] Todo esto será apenas el comienzo de los dolores de parto."

2 Timoteo 3:1-5 (NVI)

1.   Pero debes saber esto: que en los últimos días vendrán tiempos difíciles.

2.	La gente será egoísta, amante del dinero, jactanciosa, orgullosa, blasfema, desobediente a los padres, ingrata, impía,

3.	sin amor, implacable, calumniadora, descontrolada, brutal, enemiga de lo bueno,

4.	traicionera, temeraria, engreída, amadora de los placeres más que de Dios,

5.	aparecerán como piadosos, pero negarán la eficacia de esa piedad. A esos evítalos."

Acaso esto no suena como la sociedad liberal de hoy en el mundo occidental?

Han abandonado los mandamientos de Dios y se han volcado hacia una ideología maligna con la nueva cultura *woke* y la Diversidad, Equidad e Inclusión (DEI). Esta cultura ya no cree en la ley; ahora todo se trata de cómo te sientes. Si un hombre quiere ser una mujer, puede identificarse como tal, ya sea que se someta o no a un cambio de sexo, y lo mismo ocurre con las mujeres. Tienen todos estos nuevos pronombres que insisten en que los llames; de lo contrario, se rebelan, protestan e incluso intentan involucrar a la policía. Están lavando el cerebro a los niños desde que nacen, enseñándoles que no saben cuál es su género hasta que sean mayores. En algunos estados y países, es legal someterse a un cambio de sexo desde los 12 años. Las escuelas incluso llaman a la policía para separar a los niños de sus padres si se niegan a ponerlos en bloqueadores de la pubertad.

La lista de LGBTQ+++ sigue creciendo, ya que insisten en que existen más géneros todo el tiempo. Pudiste ver la completa perversión de Jesucristo en los Juegos Olímpicos de París este año, cuando se burlaron de la Última Cena...

con un montón de travestis, lesbianas y homosexuales. La ceremonia de clausura fue completamente satánica y retrató al Anticristo llegando en un caballo blanco.

La ley de Dios desde el principio está siendo literalmente despreciada, como vemos en Génesis 2:24:

"Por eso el hombre dejará a su padre y a su madre, y se unirá a su esposa, y los dos llegarán a ser un solo cuerpo."

La Biblia aborda el tema de la homosexualidad en varios pasajes. Uno de los versículos más comúnmente referenciados es 1 Corintios 6:9-10, que dice:

"No saben que los injustos no heredarán el reino de Dios? No se dejen engañar: ni los fornicarios, ni los idólatras, ni los adúlteros, ni los hombres que practican la homosexualidad, ni los ladrones, ni los avaros, ni los borrachos, ni los calumniadores, ni los estafadores heredarán el reino de Dios."

Otro pasaje se encuentra en Gálatas 5:19-21, donde Pablo enumera los actos de la carne, incluyendo la inmoralidad sexual, y advierte que aquellos que practican tales cosas no heredarán el reino de Dios.

El hecho de que esta ideología se esté enseñando a los niños antes de que siquiera sepan qué es el sexo, es una completa rebelión contra Dios. Mateo 18:6 dice:

"Pero al que haga tropezar a uno de estos pequeños que creen en mí, más le valdría que se le colgara al cuello una gran piedra de molino y que se le hundiera en lo profundo del mar." Este versículo enfatiza la gravedad de desviar a los niños o a individuos vulnerables del camino de la fe y la rectitud, resaltando las severas consecuencias de tales acciones. Subraya la importancia de proteger y nutrir la fe de los inocentes.

Apocalipsis 6:2 dice

"Miré, y vi un caballo blanco. El que lo montaba llevaba un arco, se le dio una corona, y salió como vencedor para seguir venciendo." Hoy en día, el mundo está literalmente burlándose de Dios. Esta ideología es satánica en su esencia y encarna el espíritu del Anticristo. El término *"espíritu del Anticristo"* se menciona específicamente en 1 Juan 4:3, que dice:

"Y todo espíritu que no confiesa a Jesús no es de Dios. Ese es el espíritu del Anticristo, del cual ustedes han oído que viene, y que ahora ya está en el mundo."

Además, en 1 Juan 2:18 se refiere al Anticristo y menciona que ya hay muchos anticristos:

"Hijitos, es la última hora; y según ustedes han oído que el Anticristo viene, también ahora han surgido muchos anticristos. Por eso sabemos que es la última hora."

Lo que estamos viendo hoy es una completa falta de respeto por la ley.

1. Mateo 7:23: En este versículo, Jesús habla de aquellos que realizan milagros en Su nombre pero son rechazados porque practican la iniquidad.

2. 2 Tesalonicenses 2:7: El apóstol Pablo se refiere al "misterio de la iniquidad" que ya está en marcha, indicando un espíritu de rebelión contra la ley de Dios antes de la llegada del inicuo (a menudo interpretado como el Anticristo).

Un aumento en los terremotos

En Mateo 24, Jesús también habló sobre un aumento en los terremotos como otra señal de los últimos tiempos.

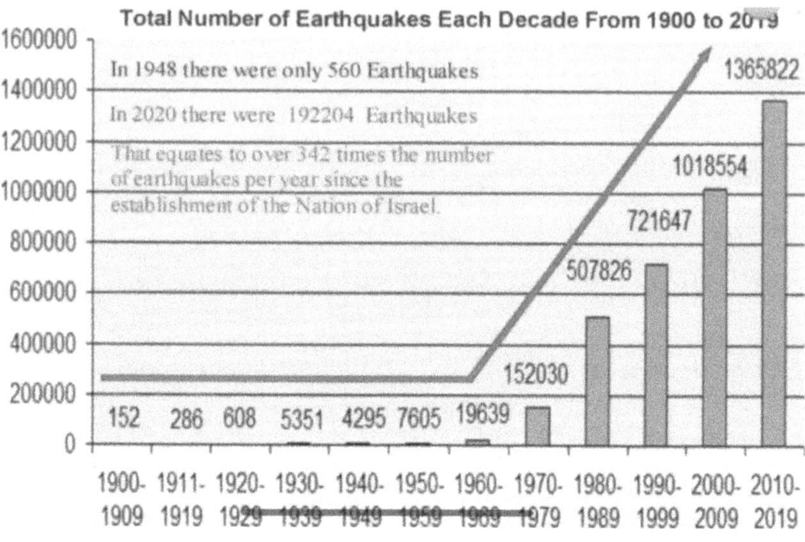

Como podemos ver con este gráfico, los terremotos han aumentado drásticamente desde el renacimiento de Israel en 1948. En **Mateo

24**, Jesús también habló de guerras y rumores de guerras como otra señal de los últimos tiempos. Aquí hay solo algunas que mencionar:

1. Siria - La guerra civil continúa con varias facciones involucradas.

2. Yemen - Una guerra civil y una crisis humanitaria con un conflicto continuo entre los hutíes y la coalición liderada por Arabia Saudita.

3. Ucrania - La guerra con Rusia ha escalado significativamente desde la invasión en 2022.

4. Israel/Palestina - Tensiones y violencia continuas, particularmente entre Israel y Hamas en Gaza, y ahora Hezbollah en el Líbano, con Irán financiándolo todo.

5. Afganistán - Violencia e inestabilidad continuas tras la toma de poder de los talibanes.

6. Etiopía - El conflicto en la región de Tigray continúa, junto con la violencia étnica en otras áreas.

7. Myanmar - Conflicto continuo tras el golpe militar en 2021, con varios grupos étnicos y fuerzas prodemocracia luchando contra la junta militar.

8. India/Pakistán - Tensiones continuas, particularmente en la región de Cachemira, con violencia y enfrentamientos militares esporádicos.

9. Filipinas - Conflicto continuo con varios grupos insurgentes, incluidos Abu Sayyaf y rebeldes comunistas.

10. Mar de China Meridional - Disputas territoriales y tensiones militares, particularmente entre China y Taiwán, Filipinas, Vietnam y otras naciones.

Los principales actores bélicos en el escenario actual son Rusia y Ucrania, e Israel e Irán, junto con sus representantes (Hamas, Hezbollah, la Autoridad Palestina y los hutíes en Yemen). La guerra entre Rusia y Ucrania es, con mucho, la más grande, con estimaciones de alrededor de 700,000 ucranianos muertos. Literalmente, se están quedando sin personas. Por supuesto, nunca escucharás esto en los medios de comunicación tradicionales, porque los globalistas que han penetrado en Occidente y controlan el gobierno de los Estados Unidos y la OTAN ven a Putin como una amenaza para su hegemonía y sus planes para el Nuevo Orden Mundial (NOM). La guerra en Ucrania en realidad comenzó en 2014, pero no se intensificó hasta 2022, cuando Rusia entró en Ucrania para detener el aumento militar y la producción de fábricas de guerra química en su frontera.

Ucrania es, posiblemente, el país más corrupto del mundo. Se utiliza como herramienta de tráfico de niños, así como una enorme máquina de lavado de dinero. Según **state.gov**, Estados Unidos ha enviado a Ucrania más de 55 mil millones de dólares desde 2022. Eso es $170,000 por cada ciudadano estadounidense. Es puro robo al país, enviándolo a Ucrania para lavar el dinero y luego devolverlo a los globalistas que controlan los Estados Unidos de América tras bambalinas. Los ricos se hacen más ricos y los pobres más pobres.

Ahora, el Foro Económico Mundial (FEM), del que hablaremos con más detalle más adelante, está al frente de la creación del NOM. El plan del FEM para aplastar a la clase media ha sido expuesto por Putin en Rusia. La razón por la que temen a Putin es porque él controla el suministro de gas. Está señalando los fracasos de las políticas energéticas del FEM. "El Gran Reinicio" se ha convertido en un fracaso total, y ahora están desesperados. El avance de Putin en Ucrania fue para exponer la agenda del FEM de destruir a la clase media. La agenda del FEM para 2030 de "reconstruir mejor" significa que tienen que destruir el sistema actual para reconstruir su propio sistema tiránico de control jerárquico que monitoreará a todos en el planeta en cualquier cosa que hagan. No pueden permitir que Putin gane, o eso interrumpiría "El Gran Reinicio" y descarrilaría la "Agenda 2030."

Putin ve el declive del dólar estadounidense y encabezó oficialmente la creación de las naciones BRICS en 2009. BRICS significa Brasil, Rusia, India, China y Sudáfrica. Se informa que más de 100 países han solicitado unirse a las naciones BRICS. Uno de sus objetivos es crear una nueva moneda de reserva mundial respaldada por productos básicos. Recientemente, Arabia Saudita acabó con su acuerdo Petro-dólar de 50 años con Estados Unidos, y están buscando unirse a las naciones BRICS. Esto podría significar una disminución dramática en el valor del dólar, ya que actualmente solo está respaldado por deuda, que asciende a 35 billones de dólares, y llevaría a una transición rápida fuera del dólar hacia la nueva moneda de reserva. Esto tiene a los globalistas en pánico, ya que su plan para controlar el mundo se vuelve incierto.

¿Por qué más Estados Unidos seguiría enviando miles de millones de dólares a Ucrania, junto con equipo militar, misiles y aviones F-35, con toda la OTAN y soldados estadounidenses en el terreno, por un país que ya ha perdido la guerra? No tiene sentido a menos que se analice el panorama completo. Se trata de una lucha de poder entre los globalistas y Rusia, con China de su lado. Putin ha activado su arsenal nuclear, que es el más grande del mundo, y se está preparando para usarlo. Es absolutamente insano lo que está ocurriendo allí.

El segundo conflicto más grande es entre Israel e Irán. La República Islámica de Irán, establecida en 1979, ha mantenido una postura ideológica y militar constante hacia Israel, al que considera una amenaza existencial. Esta animosidad se basa en una mezcla compleja de agravios históricos, ideología religiosa, estrategia geopolítica y fervor revolucionario. El objetivo declarado del régimen de "borrar a Israel del mapa" refleja no solo un compromiso con sus ideales revolucionarios, sino también una ambición más amplia de remodelar el paisaje político del Medio Oriente.

Ideología revolucionaria: La base de la hostilidad del régimen iraní hacia Israel puede rastrearse hasta su ideología revolucionaria. La Revolución Islámica de 1979, liderada por el Ayatolá Ruhollah Jomeini, buscó establecer un gobierno basado en principios islámicos y oponerse a la influencia occidental en la región. Jomeini retrató a Israel como un títere del imperialismo occidental, particularmente de Estados Unidos, que había apoyado al régimen del Sha antes de la revolución.

El liderazgo de Irán, compuesto principalmente por clérigos chiitas, ve al estado israelí a través de una lente religiosa. El régimen a menudo presenta el conflicto israelo-palestino como una lucha entre el Islam y sus enemigos, enmarcando la lucha contra Israel como un deber religioso. Esta narrativa resuena profundamente entre muchos en el mundo musulmán, particularmente entre las comunidades chiitas, y sirve para justificar el apoyo de Irán a grupos militantes que se oponen a Israel.

Los líderes iraníes han articulado consistentemente su oposición al sionismo, que consideran una ideología colonialista. Esta oposición no es meramente política; es profundamente ideológica y teológica, posicionando a Israel como un símbolo de opresión contra los musulmanes y los palestinos. Esta perspectiva se difunde a través de medios controlados por el estado, instituciones educativas y sermones religiosos, reforzando la noción de que la eliminación de Israel es un objetivo legítimo.

Irán se ha posicionado como un defensor de la causa palestina, proporcionando apoyo militar, financiero y político a grupos como Hamas y la Jihad Islámica. Este apoyo se enmarca como parte de una lucha islámica más amplia contra la opresión, y los líderes iraníes a menudo invocan la difícil situación del pueblo palestino para reunir apoyo doméstico y regional.

Irán emplea una estrategia de guerra asimétrica, utilizando grupos de poder para extender su influencia y realizar operaciones contra Israel. Grupos como Hezbollah en el Líbano y varias facciones palestinas en Gaza sirven como fuerzas de primera línea en la confrontación de Irán con Israel. Esto permite a Irán atacar a Israel indirectamente, manteniendo una negación plausible.

Irán ha invertido mucho en su programa de misiles, viéndolo como un componente crucial de su estrategia militar contra Israel. El desarrollo de misiles guiados con precisión mejora la capacidad de Irán para amenazar directamente el territorio israelí. Los funcionarios iraníes discuten abiertamente sus capacidades de misiles como un elemento disuasorio, reiterando su compromiso de apuntar a Israel si es necesario.

Irán ha buscado construir alianzas con otros regímenes y actores no estatales antiisraelíes en la región. Al fomentar relaciones con Siria, Hezbollah y varias facciones palestinas, Irán busca crear un frente unido contra Israel. Esta red mejora sus capacidades militares y permite ataques coordinados, aumentando la amenaza a la seguridad israelí.

Además de las estrategias militares convencionales, Irán ha recurrido cada vez más a la guerra cibernética como medio para socavar a Israel. Las operaciones cibernéticas iraníes han tenido como objetivo la infraestructura, las instituciones financieras y los sistemas militares israelíes, reflejando un enfoque moderno del conflicto que complementa las estrategias militares tradicionales.

El objetivo de Irán de eliminar a Israel tiene implicaciones significativas para la estabilidad regional. Sus acciones contribuyen a conflictos continuos en el Líbano, Siria y Gaza, perpetuando ciclos de violencia y represalias. La presencia de milicias respaldadas por Irán cerca de las fronteras de Israel aumenta el riesgo de confrontaciones directas, complicando los esfuerzos de paz en la región.

La amenaza iraní ha llevado a los Estados Unidos e Israel a fortalecer su cooperación militar y de inteligencia. Las dos naciones han participado en ejercicios militares conjuntos, han mejorado los sistemas de defensa antimisiles y han incrementado el intercambio de inteligencia para contrarrestar la influencia de Irán. Esta cooperación refleja una estrategia más amplia para contener a Irán y evitar que sus ambiciones nucleares se materialicen.

La búsqueda de tecnología nuclear por parte de Irán ha generado preocupaciones en Israel y en la comunidad internacional. Mientras Irán insiste en que su programa nuclear tiene fines pacíficos, sus líderes han hecho declaraciones que sugieren una disposición a utilizar capacidades nucleares contra Israel. La posibilidad de un Irán armado nuclearmente altera significativamente el equilibrio estratégico en la región y aumenta las tensiones.

El compromiso ideológico de Irán con la eliminación de Israel también complica la lucha palestina por la soberanía. Si bien Irán apoya a las facciones palestinas, su objetivo final no es necesariamente el establecimiento de un estado palestino, sino la destrucción de Israel. Esta dinámica puede socavar el liderazgo palestino moderado y complicar las negociaciones de paz.

Los objetivos ideológicos y militares del régimen iraní con respecto a Israel están profundamente arraigados en una compleja interacción de ideología revolucionaria, fervor religioso y estrategia geopolítica. El compromiso de Irán con "borrar a Israel del mapa" se refleja en su apoyo a los grupos militantes, el desarrollo de misiles y las estrategias de guerra asimétrica. Las implicaciones de esta postura van más allá de Israel, contribuyendo a la inestabilidad regional y complicando los esfuerzos por la paz en el Medio Oriente. A medida que Irán continúa persiguiendo sus objetivos, el potencial de conflicto sigue siendo alto, lo que requiere vigilancia y respuestas estratégicas de Israel y sus aliados. Abordar estas aspiraciones ideológicas y militares requerirá no solo preparación militar, sino también un compromiso diplomático matizado para mitigar los riesgos de escalada.

La Apostasía

Otra profecía de los últimos tiempos es la apostasía de los cristianos.

2 Tesalonicenses 2:3-4 (NVI)** dice:

"No se dejen engañar de ninguna manera, porque no vendrá ese día sin que antes venga la apostasía y se manifieste el hombre de pecado, el hijo de perdición. Este se opone y se levanta contra todo lo que lleva el nombre de Dios o es objeto de adoración, hasta el punto de sentarse en el templo de Dios y proclamarse Dios."

En este contexto, "la apostasía" se refiere a una desviación significativa de la fe o una apostasía generalizada entre los creyentes. Pablo enfatiza que este evento debe suceder antes de la revelación de la figura del Anticristo, a menudo referido como "el hombre de pecado." Estamos viendo esto hoy con muchas iglesias abandonando las verdaderas escrituras y aceptando la cultura *woke*, así como la predicación de la prosperidad.

En **Mateo 24**, Jesús habló sobre dos hombres que estarían en el campo; uno será tomado y el otro será dejado. Dos mujeres estarán moliendo en un molino; una será tomada y la otra será dejada. Creo que esto se refiere a que la mitad de la iglesia se apartará de la fe. Con una población mundial de alrededor de 8 mil millones, hay aproximadamente poco más de 2 mil millones de cristianos en el mundo hoy, por lo que probablemente alrededor de mil millones de santos serán arrebatados, dejando aproximadamente 7 mil millones para comenzar la tribulación.

Los Días de Noé

Mateo 24:36-39 (NVI)

"Pero en cuanto al día y la hora, nadie lo sabe, ni siquiera los ángeles en el cielo, ni el Hijo, sino solo el Padre. Como en los días de Noé, así será en la venida del Hijo del Hombre. Porque en los días antes del diluvio, la gente comía y bebía, se casaba y se daba en matrimonio, hasta el día en que Noé entró en el arca; y no supieron nada de lo que sucedería hasta que llegó el diluvio y se los llevó a todos. Así será en la venida del Hijo del Hombre."

El Conocimiento Aumentará

Daniel 12:4 (NVI)

"Pero tú, Daniel, cierra las palabras y sella el libro hasta el tiempo del fin. Muchos correrán de un lado a otro, y el conocimiento aumentará."

En este contexto, el versículo sugiere que en los últimos tiempos habrá un aumento en los viajes y el conocimiento.

1. Era Preindustrial (Antes del siglo XIX): Durante la mayor parte de la historia humana, la acumulación de conocimiento fue lenta. Se estima que el conocimiento se duplicaba aproximadamente cada pocos siglos. La invención de la imprenta en el siglo XV comenzó a acelerar la difusión del conocimiento.

2. Siglo XIX: Con la Revolución Industrial, el conocimiento comenzó a crecer más rápidamente. El tiempo de duplicación comenzó a acortarse, con estimaciones que sugieren que el conocimiento se duplicaba aproximadamente cada 50 años hacia finales del siglo XIX.

3. Siglo XX: La llegada de las computadoras y el internet aceleró aún más el ritmo de acumulación del conocimiento. A

mediados del siglo XX, se estimaba que el conocimiento se duplicaba cada 10 a 15 años.

4. Siglo XXI: En los últimos años, especialmente con el auge de la tecnología digital y el internet, algunas estimaciones sugieren que el conocimiento ahora se duplica a un ritmo sin precedentes, potencialmente cada 12 a 18 meses. IBM incluso ha sugerido que, con el crecimiento del *big data*, como la computación en la nube, el aprendizaje automático y la inteligencia artificial, el conocimiento podría estar duplicándose cada pocas horas.

Señales en el Sol, la Luna y las Estrellas

Jesús habla sobre señales en los cielos, incluyendo el sol y la luna, en el Evangelio de Lucas. Específicamente, **Lucas 21:25-26** dice:

"Habrá señales en el sol, en la luna y en las estrellas; y en la tierra, angustia de las naciones, confundidas a causa del bramido del mar y de las olas. Los hombres desfallecerán por el temor y la expectación de las cosas que vendrán sobre la tierra, porque las potencias de los cielos serán conmovidas."

Además, en **Mateo 24:29-30**, Jesús menciona señales en los cielos relacionadas con Su segunda venida:

"Inmediatamente después de la tribulación de aquellos días, el sol se oscurecerá, la luna no dará su resplandor, las estrellas caerán del cielo y las potencias de los cielos serán sacudidas. Entonces aparecerá la señal del Hijo del Hombre en el cielo, y entonces todas las tribus de la tierra harán duelo, y verán al Hijo del Hombre viniendo sobre las nubes del cielo con poder y gran gloria."

Estos pasajes destacan la importancia de las señales celestiales durante los últimos tiempos, tal como lo describió Jesús.

The Revelation 12 Sign: A 7-Year Warning to the Church

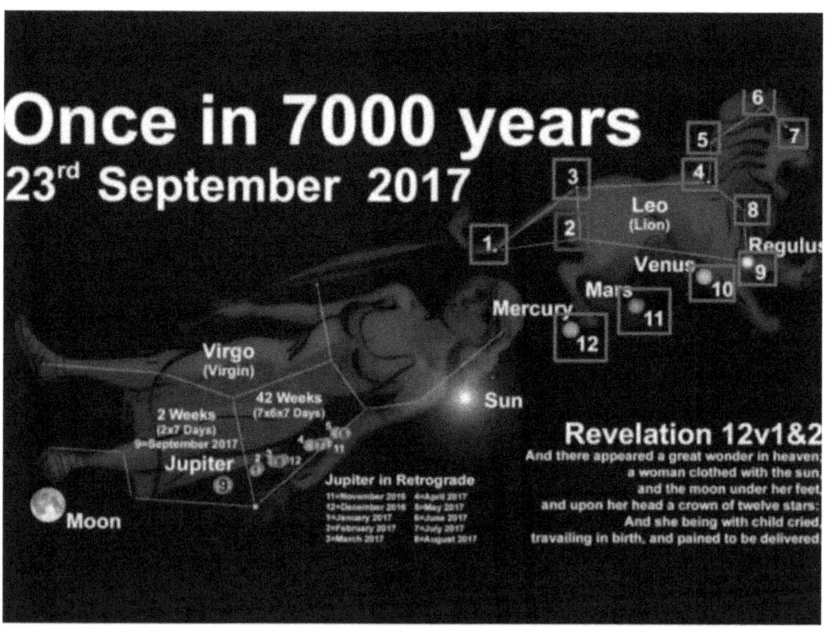

La señal de Apocalipsis 12, descrita en el Libro de Apocalipsis, ha generado mucha atención entre los cristianos, particularmente en relación con sus implicaciones proféticas para la Iglesia y los tiempos finales. Esta señal, que presenta a una mujer vestida con el sol, un dragón y un niño varón, es interpretada por muchos como un poderoso símbolo del plan divino de Dios. El período de siete años que rodea esta señal, notablemente desde 2017 hasta 2024, es visto por algunos creyentes como una advertencia crucial que podría señalar el Rapto en algún momento alrededor de 2024.

En **Apocalipsis 12:1-5**, la imagen de la mujer es a menudo entendida como una representación de Israel, la nación elegida por Dios para dar a luz al Mesías, quien es presentado como el niño varón destinado a gobernar todas las naciones. El dragón, identificado como Satanás, simboliza la oposición que han enfrentado los propósitos de Dios a lo largo de la historia. Esta narrativa encapsula la batalla espiritual continua entre el bien y el mal, recordando a los cristianos que su camino de fe es parte de una lucha cósmica más grande.

La importancia de la señal de Apocalipsis 12 se intensifica cuando se considera la línea de tiempo de siete años que muchos estudiosos de la profecía vinculan a ella. La alineación celestial observada por primera vez en septiembre de 2017 ha sido interpretada como el cumplimiento de esta señal, sugiriendo que sirve como advertencia a la Iglesia sobre los eventos inminentes que conducen a los últimos tiempos.

Para los cristianos, reconocer la señal de Apocalipsis 12 como una posible advertencia enfatiza la urgencia de la preparación espiritual. La anticipación del Rapto llama a los creyentes a profundizar su fe, involucrarse en la oración y compartir activamente el mensaje de salvación. Comprender que los eventos de los próximos años podrían desarrollarse rápidamente anima a los cristianos a vivir con intención y propósito, enfocándose en su relación con Dios y en la misión de difundir el Evangelio.

Además, la señal de Apocalipsis 12 resalta el papel vital de Israel en el plan profético de Dios. A medida que los creyentes reconocen la importancia de Israel en el cumplimiento de la profecía bíblica, son llamados a apoyar y orar por el pueblo judío, afirmando la creencia de que el pacto de Dios con Israel sigue siendo firme.

En conclusión, la señal de Apocalipsis 12 sirve como una advertencia profunda para la Iglesia, particularmente con la posibilidad de que marque una cuenta regresiva de siete años que lleva al comienzo de la tribulación. Esta señal no solo destaca la lucha cósmica entre el bien y el mal, sino que también llama a los cristianos a estar espiritualmente preparados para los desafíos que se avecinan. La señal de Apocalipsis 12 es un testimonio convincente de la soberanía de Dios y la esperanza que espera a aquellos que confían en Él durante estos tiempos críticos.

La Significancia Profética de los Grandes Eclipses Americanos de 2017 y 2024

El Gran Eclipse Americano del 21 de agosto de 2017 y el posterior eclipse solar del 8 de abril de 2024 han atraído una atención significativa, no solo por su maravilla astronómica, sino también por sus posibles implicaciones proféticas. Estos eventos son particularmente notables por los caminos que intersectan con pueblos cuyos nombres tienen un profundo significado bíblico: siete pueblos llamados Salem durante el eclipse de 2017 y seis pueblos llamados Nínive, junto con uno llamado Jonás, durante el eclipse de 2024. Juntos, forman una "X" a través de los Estados Unidos, lo que ha llevado a muchos a explorar sus posibles mensajes para la nación y la Iglesia.

El eclipse de 2017, que viajó de costa a costa, pasó sobre siete pueblos llamados Salem. La palabra "Salem" significa "paz" en hebreo y está bíblicamente asociada con la ciudad de Jerusalén. La presencia de este nombre en múltiples ubicaciones a lo largo del camino del eclipse invita a la reflexión sobre temas de paz, restauración y favor divino.

Muchos cristianos vieron este eclipse como una señal de Dios, interpretándolo como un llamado a la nación para buscar la paz y la reconciliación, tanto espiritual como socialmente.

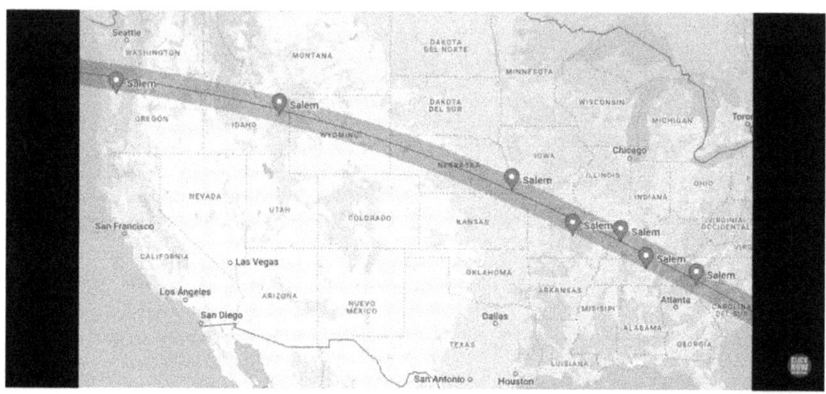

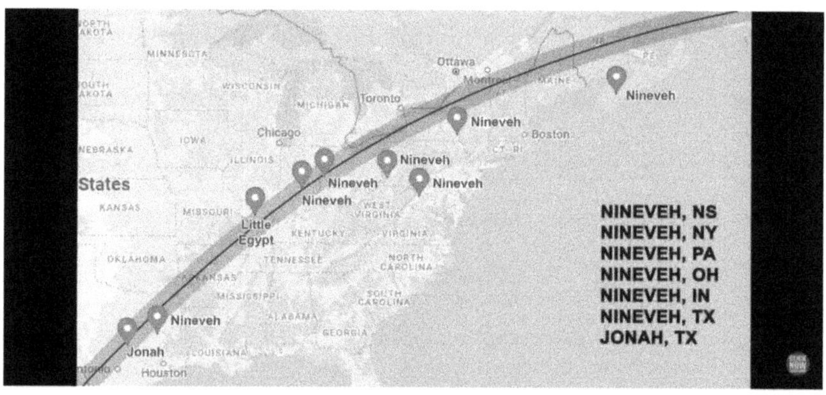

Avancemos al eclipse del 8 de abril de 2024, que cruza el camino del eclipse de 2017, creando una "X" sobre los EE. UU. Este eclipse pasa notablemente sobre seis ciudades llamadas Nínive y una ciudad llamada Jonás. Nínive, conocida como la capital del antiguo Imperio Asirio, tiene una narrativa bíblica significativa, particularmente en el

Libro de Jonás, donde Dios llama a Jonás a llevar un mensaje de arrepentimiento a su pueblo. La conexión entre estas ciudades y los temas de arrepentimiento, misericordia e intervención divina no puede ser pasada por alto. La "X" formada por estos eclipses puede simbolizar una encrucijada para la nación, instando a los creyentes a considerar su estado espiritual y la necesidad de volver a Dios.

Desde una perspectiva profética, la alineación de estos eclipses sobre ciudades...

con nombres tan significativos puede representar una advertencia divina y un llamado a la acción. El período de siete años entre los dos eclipses podría interpretarse como un tiempo de gracia y advertencia, invitando a la Iglesia a involucrarse en la oración, el arrepentimiento...

y avivamiento. Los eclipses sirven como recordatorios de la soberanía de Dios y de su papel activo en los asuntos de la humanidad, incitando a los creyentes a reflexionar sobre su fe y a buscar una relación más profunda con Él.

Además, la importancia de estas ciudades—Salem, Nínive y Jonás— resalta la importancia de responder al llamado de Dios. Así como Jonás fue enviado a Nínive para proclamar un mensaje de arrepentimiento, los cristianos también están llamados a compartir el Evangelio y a alentar un retorno a los valores bíblicos en un tiempo en el que abundan los desafíos morales y sociales.

En conclusión, los Grandes Eclipses Americanos de 2017 y 2024, marcados por sus trayectorias sobre las ciudades llamadas Salem, Nínive y Jonás, tienen profundas implicaciones proféticas para los Estados Unidos y la Iglesia. El simbolismo de paz, arrepentimiento e intervención divina invita a los creyentes a buscar la guía de Dios y a participar activamente en la renovación espiritual de la nación.

CAPÍTULO 8

Línea de tiempo sabática de 7000 años

La línea de tiempo sabática de 7000 años: Desde la caída de Adán y Eva hasta el reinado milenario de Cristo

El concepto de una línea de tiempo de 7000 años, a menudo referido como la "línea de tiempo sabática", se deriva de interpretaciones bíblicas que vinculan la historia de la humanidad con los siete días de la creación en Génesis. Este marco plantea que el plan de Dios para la humanidad abarca siete milenios, con los primeros seis representando períodos de la historia humana y el séptimo simbolizando el reinado milenario de Cristo. Este capítulo explora esta línea de tiempo, comenzando con el pecado de Adán y Eva en el Jardín del Edén y concluyendo con la anticipada segunda venida de Cristo y el establecimiento de su reinado de mil años.

El Comienzo: La caída de Adán y Eva

La línea de tiempo comienza con la creación de la humanidad, tal como se describe en **Génesis 1-2**. Adán y Eva fueron colocados en el Jardín del Edén, viviendo en perfecta armonía con Dios. Sin embargo, su desobediencia, según se relata en **Génesis 3**, condujo a la caída, un momento crucial que introdujo el pecado en el mundo. Este acto de rebelión no solo rompió la relación entre Dios y la humanidad, sino que también puso en marcha las consecuencias del pecado, incluyendo la muerte y la separación de Dios. La caída de Adán y Eva marca el inicio de la lucha de la humanidad y el despliegue del plan redentor de Dios.

Los Primeros Dos Milenios: Desde la Creación hasta el Diluvio

Después de la caída, la línea de tiempo avanza a través de un período de aproximadamente 2000 años, abarcando eventos significativos en la historia bíblica. Esta era incluye las genealogías desde Adán hasta Noé, destacando la creciente maldad de la humanidad, lo que culminó en la decisión de Dios de limpiar la tierra mediante el Gran Diluvio (**Génesis 6-9**). El diluvio representa un reinicio divino, preservando a Noé y su familia como un remanente para repoblar la tierra.

Después del diluvio, la humanidad comenzó a multiplicarse una vez más, lo que llevó al incidente de la Torre de Babel (**Génesis 11**), donde Dios confundió sus lenguas y los dispersó por la tierra. Este período a menudo se asocia con el establecimiento de naciones y culturas, preparando el escenario para el pacto de Dios con Abraham, que se desarrollaría en el milenio siguiente.

El Segundo Milenio: Los Patriarcas hasta el Éxodo

El segundo milenio, que abarca aproximadamente desde el 2000 a.C. hasta el 1000 a.C., está caracterizado por las vidas de los patriarcas: Abraham, Isaac, Jacob y José. El pacto de Dios con Abraham (**Génesis 12**) establece un pueblo escogido a través del cual Él se revelaría al mundo. Esta era continúa con la narrativa de los israelitas, su esclavitud en Egipto y su eventual liberación a través de Moisés, culminando en el Éxodo (**Éxodo 12-14**).

Este período también incluye la entrega de la Ley en el Monte Sinaí (**Éxodo 19-20**), que sirve como un momento fundamental para la identidad de Israel como el pueblo escogido por Dios. El viaje de los israelitas hacia la Tierra Prometida refleja la fidelidad de Dios a su pacto, mientras que sus luchas revelan la tensión continua entre el propósito divino y la desobediencia humana.

El Tercer Milenio: El Reino y los Profetas

La línea de tiempo continúa en el tercer milenio, que abarca el establecimiento de la monarquía en Israel, comenzando con Saúl, seguido por David y Salomón. Esta era (aproximadamente 1000 a.C. a 0 d.C.) está marcada por el apogeo del poder y la prosperidad de Israel, así como su eventual declive debido a la desobediencia a los mandamientos de Dios.

Los profetas emergen durante este tiempo, llamando a Israel al arrepentimiento y profetizando la venida del Mesías. Textos proféticos clave, como **Isaías 53**, revelan el plan de redención de Dios a través del sufrimiento. Las voces proféticas sirven como recordatorios del compromiso de Dios con su pueblo y la promesa de una esperanza futura.

El Cuarto Milenio: El Nacimiento de Cristo y la Iglesia Primitiva

El cuarto milenio está anclado en el nacimiento de Jesucristo, marcando un punto de inflexión significativo en la historia humana. La encarnación de Cristo (aproximadamente 4 a.C.) cumple las profecías mesiánicas e inicia el Nuevo Pacto. El ministerio, la muerte y la resurrección de Jesús (aproximadamente 30 d.C.) proporcionan la solución definitiva al problema del pecado de la humanidad, ofreciendo redención y reconciliación con Dios.

Tras la ascensión de Cristo, se establece la iglesia primitiva, empoderada por el Espíritu Santo en Pentecostés (**Hechos 2**). La expansión del Evangelio por el Imperio Romano significa la expansión del reino de Dios y la inclusión de los gentiles en su plan redentor. Este período, a menudo llamado la Era de la Iglesia, enfatiza el llamado a los creyentes a compartir el mensaje de salvación con el mundo.

El Quinto y Sexto Milenio: La Edad Presente y los Tiempos del Fin

A medida que la línea de tiempo avanza hacia el quinto y sexto milenio, los estudiosos a menudo interpretan este período como representativo de la era actual de la iglesia, marcada por una mezcla de fe y apostasía. Esta era incluye eventos significativos como el auge de falsas enseñanzas, el declive moral y el cumplimiento de señales proféticas que apuntan hacia el inminente retorno de Cristo.

En **Mateo 24** y **1 Tesalonicenses 4:16-17**, se profetiza la segunda venida de Jesús, enfatizando la necesidad de vigilancia y preparación entre los creyentes. El concepto de una "gran apostasía" (**2 Tesalonicenses 2:3**) precede su regreso, destacando los desafíos que enfrenta la iglesia en los últimos días.

El Séptimo Milenio: El Reinado Milenario de Cristo

La culminación de la línea de tiempo de 7000 años es el establecimiento del reinado milenario de Cristo, como se describe en **Apocalipsis 20:1-6**. Este período de mil años se caracteriza por la paz, la justicia y el cumplimiento de las promesas de Dios a su pueblo. Cristo reina como Rey, y los creyentes disfrutan de una relación restaurada con Dios, libre de la influencia del pecado y la muerte.

El reino milenario representa la realización definitiva del plan redentor de Dios, donde su presencia habita entre su pueblo. Después de este período, ocurre el juicio final, lo que conduce al nuevo cielo y la nueva tierra (**Apocalipsis 21-22**), completando la narrativa divina de creación, caída, redención y restauración.

Conclusión

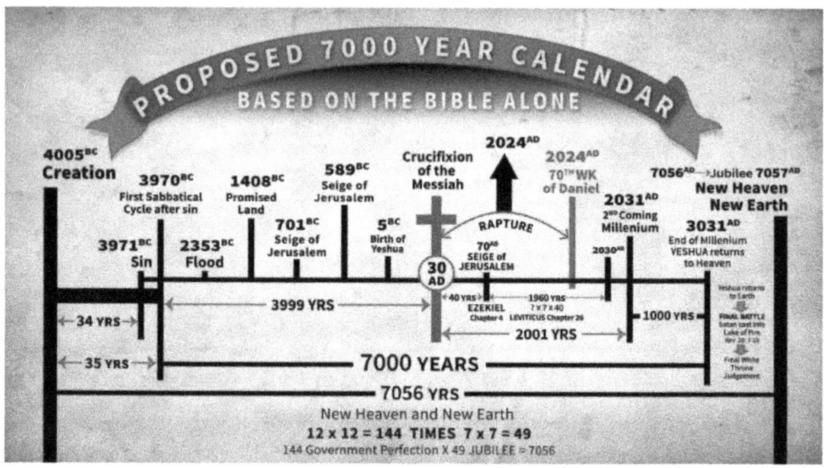

La línea de tiempo sabática de 7000 años, que comienza con el pecado de Adán y Eva y culmina en el reinado milenario de Cristo, refleja la narrativa general de las Escrituras. Este marco destaca la soberanía, fidelidad y propósito redentor de Dios a lo largo de la historia humana. Cada milenio representa momentos críticos en el desarrollo del plan de salvación, culminando en la promesa de vida eterna y restauración para aquellos que creen. Mientras los creyentes esperan el retorno de Cristo, esta línea de tiempo sirve como un recordatorio de la esperanza y la seguridad que se encuentran en el plan definitivo de Dios para la humanidad.

Lo que estamos viendo es en qué parte estamos del calendario de Dios. Los gráficos creados por **Rock Island Book Ministries** proporcionan una imagen clara.

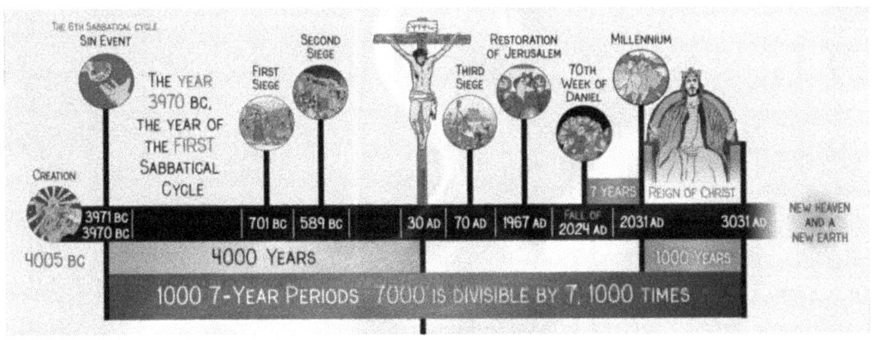

El año 3971 a.C. generalmente se considera como el año en que el hombre pecó, lo que inició el reloj para el plan de redención de Dios.

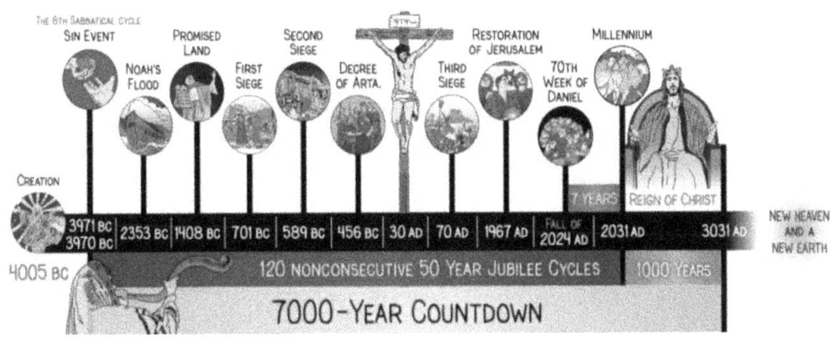

Para calcular cuántos años han pasado desde el 3971 a.C. hasta el año actual (2024 d.C.), primero calculamos desde 3971 a.C. hasta el 1 a.C., lo que son 3970 años (ya que no existe el año 0). Luego, desde el 1 d.C. hasta el 2024 d.C. son 2023 años.

Ahora, sumamos estas dos cantidades:

3970 años + 2023 años = 5993 años.

Por lo tanto, el año 3971 a.C. fue hace 5993 años desde nuestro año actual, 2024.

Entonces, al agregar 7 años más para completar los 6000 años, llegamos al año 2031 como la posible fecha de regreso de Jesucristo a la tierra para establecer su reino milenario. Si este es el caso, entonces restamos 7 años para el comienzo de la tribulación, lo que la situaría en el año 2024.

Por lo tanto, la próxima profecía a cumplirse es el Rapto de la Iglesia. Este evento debe ocurrir primero porque el Anticristo no será revelado hasta que la Iglesia haya sido arrebatada. **Daniel 9:27** habla del tratado de paz de siete años que el Anticristo negociará con Israel y el resto de las naciones, y ese tratado de paz es lo que inicia la tribulación.

Lo que es obvio ahora es que hay un intervalo de tiempo entre el Rapto y el comienzo de la tribulación. Es importante entender que no es el Rapto lo que da inicio a la...

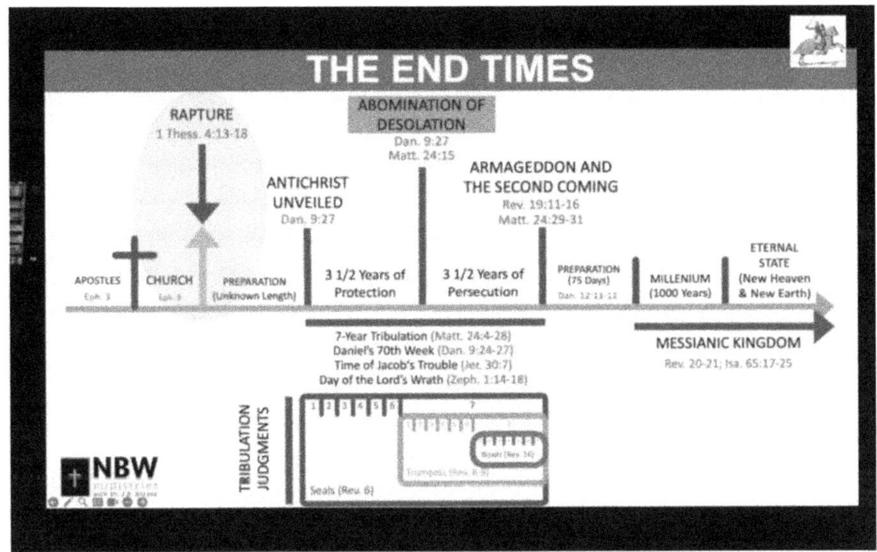

La tribulación no es desencadenada por el Rapto; es la firma del tratado de paz de siete años por parte del Anticristo lo que marca su comienzo.** Tomará algún tiempo para que el Anticristo ascienda al poder una vez que la Iglesia sea arrebatada y el Espíritu Santo se aparte.

Ahora, exploremos el período de tiempo entre el Rapto y el comienzo de la septuagésima semana de Daniel.

En el Libro de Daniel, particularmente en el capítulo 11 y en referencia al capítulo 8, el versículo 3 identifica al "cuerno pequeño" como el Anticristo. El versículo 8 discute eventos históricos relacionados con Grecia, destacando su división en cuatro secciones, de las cuales se profetiza que surgirá el Anticristo. Este cambio del contexto histórico en el versículo 8 a las implicaciones futuras en el versículo 9 confirma que el Anticristo surgirá de una de las cuatro divisiones del Imperio Griego.

A medida que profundizamos en el capítulo 11 de Daniel, el texto aclara la división específica de la que surgirá el Anticristo. El capítulo comienza detallando el trasfondo histórico de Grecia y Persia, enfatizando la fragmentación de Grecia en cuatro reinos, un concepto introducido en el capítulo 8. El versículo 4 se refiere a estos cuatro reinos, vinculándolos con la imagen de las dos piernas en Daniel 2:5.

El versículo 5 cambia el enfoque hacia el "rey del sur", quien poseerá una fuerza considerable, junto con uno de sus príncipes que se elevará por encima de él, estableciendo un dominio considerable. La transición del versículo 5 al 6 marca un movimiento de referencias históricas a eventos proféticos futuros. Muchos estudiosos bíblicos, incluidos Schofield, Larkin y Trevor, clasifican los versículos del 5 al 21 como históricos, concluyendo con la aparición del Anticristo en el versículo 21. Sin embargo, muchos vigilantes hoy en día sostienen que los eventos entre los versículos 6 y 21 son sucesos proféticos que se desarrollarán después del Rapto y antes del acuerdo de paz de siete años, señalando el inicio de la septuagésima semana.

Esta línea de tiempo profética indica que se mencionarán tres reyes del norte. Es evidente que existe una brecha en la línea de tiempo de la profecía, la cual se elabora a lo largo del Libro de Daniel. Estos eventos ocurrirán después de la conclusión de la dispensación de la gracia, la cual actualmente impide que estas profecías se manifiesten. En consecuencia, habrá un intervalo distinto después del Rapto y antes del comienzo de la séptima semana, durante el cual se desarrollarán importantes eventos proféticos. Muchos creen que nos acercamos a un momento crucial, siendo el año 2031 una posible fecha para la segunda venida del Señor para establecer su reino milenario. Los eventos que nos rodean son indicadores claros de esta realidad inminente.

Mi exploración de la profecía bíblica comenzó a los 15 años, centrada en la anticipación del Rapto. En este punto, se siente como las etapas finales de una búsqueda del tesoro. Al principio, exploramos todo el mundo, identificando el continente, el país, la provincia, el estado, y ahora, la ciudad específica. Hemos localizado el lugar preciso donde el tesoro—el Rapto y la resurrección—está inminentemente cerca.

Actualmente, nos encontramos examinando cuidadosamente cada señal. En lugar de hacer proyecciones generales, nos estamos enfocando en intervalos más cortos y detalles específicos. Después de años de hacer grandes predicciones, es evidente que ahora estamos en la cuenta regresiva final. A medida que avanzamos en el año 2024, si Cristo regresa por su Iglesia, tendremos siete años para cumplir lo que está profetizado. Según **Daniel 9:27**, el Anticristo establecerá un pacto de siete años, pero surge una variable crucial. En **Mateo

24:22**, Jesús dice que esos días serán acortados por el bien de los elegidos, lo que introduce incertidumbre sobre la duración de los siete años, ya sea que comience tarde o termine antes.

Apocalipsis 12:12 revela que Satanás está lleno de ira porque sabe que su tiempo es corto. Este versículo anima a los cielos a regocijarse, ya que la Iglesia habrá sido arrebatada antes de que comience la tribulación. Aquellos que quedan atrás—referidos como los habitantes de la tierra y el mar—enfrentarán las consecuencias de esta ira, ya que el diablo será arrojado hacia ellos. Este descenso marca un período específico y breve justo antes de la segunda venida de Cristo, durante el cual el diablo estará confinado a la Tierra.

La conciencia de Satanás sobre este tiempo limitado implica que sabe que la tribulación puede ser acortada. Si la tribulación hubiera comenzado a tiempo, no anticiparía su final temprano. Su plan, meticulosamente calculado durante los últimos 2000 años, ahora está amenazado. Esperaba siete años completos para ejecutar sus estrategias, pero con el acortamiento divino de este período, está desesperado.

Considerando cómo estos días pueden acortarse, los ajustes podrían ocurrir tanto al principio como al final de la tribulación. Por ejemplo, si el Rapto ocurriera durante la Fiesta de las Trompetas este octubre, y la tribulación comenzara en el otoño de 2025, esto daría al Anticristo un año para ascender al poder mientras el mundo transita hacia un nuevo sistema. Este escenario acortaría la tribulación de siete a seis años, alineándose aún con el calendario sabático de 7000 años de Dios. Los eventos actuales pueden reflejar los comienzos de conflictos descritos en **Salmo 83** y **Jeremías 49**, lo que podría llevar a la destrucción de Damasco como se indica en **Isaías 17**, precediendo posiblemente la guerra de Gog y Magog en **Ezequiel 38 y 39**.

Como vigilantes, constantemente adaptamos nuestra comprensión e interpretaciones. Durante los últimos 40 años, he buscado señales, y desde 2020, particularmente con el inicio de COVID-19, he intensificado mis estudios. La rapidez con la que las señales están desapareciendo es sorprendente y sirve como un claro indicador de cuán cerca estamos de eventos significativos.

Este entendimiento provoca una profunda reflexión personal sobre mi vida, mis prácticas espirituales y la compañía que mantengo. Resalta la urgencia de mantener una vida de oración fuerte y un profundo compromiso con las Escrituras. ¡Qué tiempo tan notable para estar vivo! La perspectiva de experimentar la presencia de Jesús es emocionante, y solo puedo imaginar el gozo y el asombro que acompañarán ese momento.

La tribulación de siete años es un período significativo en la profecía bíblica, descrito principalmente en el Libro de Apocalipsis y en los escritos proféticos de Daniel. Este tiempo se caracteriza por sufrimientos intensos, pruebas y la confrontación final entre el bien y el mal. En el próximo capítulo, proporcionaremos una explicación de los eventos que se cree que ocurrirán durante este tumultuoso período.

9

7 AÑOS DE TRIBULACIÓN

Introducción a la Tribulación

Sin entrar en grandes detalles, ya que nosotros, la Iglesia, no estaremos aquí para la tribulación, este capítulo proporcionará un esquema general de los eventos descritos en el Apocalipsis. La tribulación se divide en dos mitades: los primeros tres años y medio, conocidos como el "principio de dolores", y la segunda mitad, referida como la "Gran Tribulación". Este período es precipitado por el Rapto de la Iglesia, donde los creyentes son llevados a encontrarse con Cristo, dejando al mundo enfrentarse a los juicios venideros.

El Ascenso del Anticristo

Al comienzo de la tribulación, un líder carismático conocido como el Anticristo surgirá. Ganará poder e influencia, inicialmente presentándose como un hombre de paz. El Anticristo establecerá un gobierno global y un falso sentido de seguridad, eventualmente haciendo un pacto con Israel por siete años, el cual será roto a la mitad de la tribulación.

Los Sellos (Apocalipsis 6-7)

La tribulación comienza con la apertura de los siete sellos por Jesús, el Cordero de Dios:

1. Primer Sello: Un jinete en un caballo blanco, que representa la conquista y el ascenso al poder del Anticristo.

2. Segundo Sello: Un jinete en un caballo rojo, que simboliza guerra y derramamiento de sangre.

3. Tercer Sello: Un jinete en un caballo negro, que representa hambruna y crisis económica.

4. Cuarto Sello: Un jinete en un caballo pálido, que representa la muerte y el Hades, indicando una mortalidad generalizada.

5. Quinto Sello: Las almas de los mártires claman por justicia, indicando persecución contra los creyentes.

6. Sexto Sello: Disturbios cósmicos, incluyendo terremotos, eclipses y un gran temblor en los cielos.

Las Trompetas (Apocalipsis 8-9)

Después de los sellos, se tocan siete trompetas, cada una anunciando más juicios:

1. Primera Trompeta: Granizo y fuego mezclados con sangre, destruyendo un tercio de la vegetación de la tierra.

2. Segunda Trompeta: Una gran montaña ardiendo es lanzada al mar, matando a un tercio de la vida marina.

3. Tercera Trompeta: Una estrella llamada Ajenjo cae, envenenando un tercio de las aguas.

4. Cuarta Trompeta: Un tercio del sol, la luna y las estrellas se oscurecen.

5. Quinta Trompeta: La apertura del Abismo, desatando criaturas semejantes a langostas para atormentar a aquellos que no tienen el sello de Dios.

6. Sexta Trompeta: Se desata un ejército masivo, resultando en la muerte de un tercio de la humanidad.

Los Juicios de las Copas (Apocalipsis 16)

La serie final de juicios son las siete copas de la ira, que son más severos y directos durante la Gran Tribulación:

1. Primera Copa: Llagas aparecen en aquellos que tienen la marca de la bestia.

2. Segunda Copa: El mar se convierte en sangre, matando toda la vida marina.

3. Tercera Copa: Los ríos y manantiales se convierten en sangre.

4. Cuarta Copa: Un calor abrasador del sol.

5. Quinta Copa: Oscuridad y dolor en el reino de la bestia.

6. Sexta Copa: El río Éufrates se seca, preparando el camino para los reyes del Este y la batalla de Armagedón.

7. Séptima Copa: Una voz fuerte declara, "¡Está hecho!", y ocurre el mayor terremoto, resultando en la destrucción de ciudades e islas.

La Gran Tribulación

La segunda mitad de la tribulación está marcada por un sufrimiento sin precedentes y la ira de Dios. Durante este tiempo, el Anticristo exigirá adoración, instituyendo la marca de la bestia (**Apocalipsis 13:16-18**), la cual será requerida para comprar y vender. Aquellos que se nieguen a tomar la marca enfrentarán persecución y muerte.

La Batalla de Armagedón

A medida que la tribulación alcanza su clímax, los ejércitos del mundo se reunirán en el Valle de Meguido para la confrontación final contra el pueblo de Dios. Esta batalla, conocida como Armagedón, culminará con el regreso de Cristo para derrotar al Anticristo y sus fuerzas.

La Segunda Venida de Cristo

Al concluir la tribulación, Jesucristo regresará en gloria para establecer Su reino en la tierra. Este evento, conocido como la Segunda Venida, será visible para todos, y Él destruirá al Anticristo y al falso profeta, arrojándolos al lago de fuego.

El Establecimiento del Reinado Milenial de Cristo

Después de la tribulación, Cristo establecerá un reinado de 1,000 años conocido como el Milenio, durante el cual prevalecerán la paz y la justicia. Este período cumplirá muchas de las promesas de Dios a Israel y permitirá un tiempo de restauración y bendición.

Conclusión

La tribulación de siete años es un tiempo de juicio severo y prueba para la humanidad, sirviendo como telón de fondo para el triunfo final del reino de Dios.

CAPÍTULO 10
LAS 7 FIESTAS DE ISRAEL

Las Siete Fiestas de Israel: Su Significado y Conexión con la Primera y Segunda Venida de Cristo

Las siete fiestas de Israel, descritas en la Torá y la Biblia (específicamente en Levítico 23), son elementos cruciales de la identidad y adoración judía. Cada fiesta tiene un profundo significado espiritual e implicaciones proféticas, particularmente en relación con la primera y segunda venida de Jesucristo. Este capítulo explora estas fiestas, sus significados y cómo se relacionan con la vida y el ministerio de Jesús.

THE SEVEN JEWISH FEASTS

Appointed Feasts and Holy Convocations of Leviticus 23

"These are a shadow of the things that were to come; the reality, however, is found in Christ"

Colossians 2:17

	Month of Nisan		Month of Sivan			Month of Tishri	
14th	15th	17th	7th		1st	10th	15th

SPRING FEASTS

	3 days		50 days
Passover	Unleavened Bread	Firstfruits	Pentecost
Exodus 12 Matthew 26:17-27 Leviticus 23:5	Leviticus 23:6-8	Leviticus 23:9-14 Deuteronomy 26:1-11	Leviticus 23:15-22 Deuteronomy 16:10
Crucifixion	Burial	Resurrection	Holy Spirit
John 18:28 1 Corinthians 5:7	John 6:47-51 Acts 2:29-32	1 Corinthians 15:20-23 James 1:18	Acts 1 & 2

Feasts Fulfilled at Christ's First Coming — Priestly role - Suffering Servant

Church Age

FALL FEASTS

70th week of Daniel		
Trumpets	Day of Atonement	Tabernacles
Leviticus 23:23-25 Numbers 29:1-6	Leviticus 23:26-32 Zechariah 12:10 Zephaniah 1:14-18 Zechariah 13:1	Leviticus 23:33-44 Isaiah 65:17-19 Ezekial 43:7 Micah 4:1-3
Rapture	2nd Coming	Millennium/Heaven
1 Thessalonians 4:13-18 Revelation 4:1-6 1 Corinthians 15:51-52 Philippians 3:20-21	Matthew 24:29-30 Luke 21:25-28 Revelation 19:11-21 2 Thess 1:5-10 Romans 11:25-27	Revelation 20:1-6 Revelation 21:1-27 Revelation 22:1-6 John 14:1-6

Feasts to be Fulfilled at Christ's 2nd Coming — Kingly role - Coming King

Pascua (Pesaj)

1. Significado Bíblico: La Pascua conmemora la liberación de los israelitas de la esclavitud en Egipto. Involucra el sacrificio de un cordero, cuya sangre fue untada en los postes de las puertas para proteger a los habitantes de la última plaga: la muerte del primogénito.

2. Conexión con Cristo: Jesús es llamado el "Cordero de Dios" en el Nuevo Testamento (Juan 1:29). Su crucifixión ocurrió durante la Pascua, simbolizando el sacrificio supremo por los pecados de la humanidad. Así como la sangre del cordero salvó a los israelitas, la sangre de Cristo redime a los creyentes de la muerte espiritual.

Pan sin Levadura (Matzot)

1. Significado Bíblico: Esta fiesta comienza inmediatamente después de la Pascua y dura siete días. Simboliza la prisa con la que los israelitas dejaron Egipto, sin tiempo para que su pan fermentara.

2. Conexión con Cristo: El entierro de Jesús tuvo lugar durante esta fiesta. La levadura a menudo simboliza el pecado en la Biblia, y Cristo, siendo sin pecado, representa el "pan sin levadura". Su cuerpo, colocado en la tumba, simboliza la eliminación del pecado para aquellos que creen en Él.

Primicias (Bikkurim)

1. Significado Bíblico: Esta fiesta celebra el inicio de la cosecha. Los israelitas llevaban el primer manojo de cebada al templo como ofrenda a Dios.

2. Conexión con Cristo: Jesús resucitó de los muertos en la fiesta de las Primicias (1 Corintios 15:20), convirtiéndose en las "primicias" de aquellos que han muerto. Su resurrección asegura a los creyentes su futura resurrección, marcando el comienzo de la cosecha de almas de Dios.

Pentecostés (Shavuot)

1. Significado Bíblico: Celebrado cincuenta días después de las Primicias, Pentecostés marca el final de la cosecha de granos y conmemora la entrega de la Torá en el Monte Sinaí.

2. Conexión con Cristo: Pentecostés es significativo en el Nuevo Testamento como el día en que el Espíritu Santo descendió sobre los apóstoles (Hechos 2). Este evento los capacitó para difundir el evangelio, estableciendo la Iglesia. La venida del Espíritu Santo cumple la promesa de Jesús de enviar un Consolador después de su ministerio terrenal.

Fiesta de las Trompetas (Rosh Hashaná)

1. Significado Bíblico: Esta fiesta marca el Año Nuevo judío y es un tiempo de reflexión, arrepentimiento y preparación para el Día de la Expiación. El sonido del shofar (trompeta) llama a las personas a reunirse y prepararse para los días solemnes que se avecinan.

2. Conexión con Cristo: Esta fiesta está estrechamente asociada con el Rapto de la Iglesia, simbolizando el llamado divino para el pueblo de Dios. El Apóstol Pablo destaca esta conexión en las escrituras, afirmando que el Señor descenderá con un grito

acompañado por la trompeta de Dios (1 Tesalonicenses 4:16). Además, en 1 Corintios 15:51-52, se menciona que "en un momento, en un abrir y cerrar de ojos, al sonar la última trompeta... los muertos resucitarán incorruptibles, y nosotros seremos transformados". Esto anuncia la resurrección de los que han muerto en Cristo y el eventual encuentro de los creyentes.

Día de la Expiación (Yom Kipur)

1. Significado Bíblico: Este es el día más sagrado del calendario judío, dedicado a la expiación y el arrepentimiento. Involucra el ayuno y el acto ceremonial de lanzar los pecados sobre un chivo expiatorio.

2. Conexión con Cristo: La muerte sacrificial de Jesús es el cumplimiento definitivo del Día de la Expiación. Él es el chivo expiatorio que lleva los pecados de la humanidad (Isaías 53:6). Su sacrificio expiatorio reconcilia a los creyentes con Dios, proporcionando el camino hacia la vida eterna. El cumplimiento futuro de esta fiesta se ve en la promesa del regreso de Cristo a la tierra para juzgar a los vivos y los muertos.

Tabernáculos (Sukot)

1. Significado Bíblico: Esta fiesta celebra la cosecha y conmemora los cuarenta años de los israelitas en el desierto, viviendo en refugios temporales (sucot).

2. Conexión con Cristo: La encarnación de Jesús durante la Fiesta de los Tabernáculos es significativa; Él "tabernaculizó" entre nosotros (Juan 1:14). El cumplimiento futuro de esta fiesta se ve en la promesa del reinado milenario de Cristo, donde Él morará entre Su pueblo y luego creará el nuevo cielo y la nueva tierra (Apocalipsis 21:3).

Conclusión

Las siete fiestas de Israel están llenas de significado espiritual y profético. No solo conmemoran eventos clave en la historia judía, sino que también anticipan la obra redentora de Jesucristo en su primera venida y las promesas asociadas con su segunda venida. Al comprender estas fiestas, los creyentes adquieren una comprensión más profunda de la continuidad del plan de Dios para la humanidad y el cumplimiento de Sus promesas a través de Cristo. Cada fiesta sirve como un cronograma profético. Dado que las fiestas de primavera ya se han cumplido al día, esperamos que las fiestas de otoño también se cumplan al día.

La próxima fiesta a cumplirse es la Fiesta de las Trompetas, que se observa el primer día del mes de Tishrei, normalmente cayendo en septiembre o octubre. Este año, en 2024, será el 2 y 3 de octubre, coincidiendo con un eclipse solar, que generalmente se asocia con la Iglesia, en contraste con las lunas de sangre, que están asociadas con Israel.

CAPÍTULO 11
LAS GUERRAS VENIDERAS

"Ciertamente, el SEÑOR Soberano no hace nada sin revelar su plan a sus siervos los profetas." (Amós 3:7)

En la escatología, muchos estudiosos hacen referencia frecuentemente a la guerra de Gog y Magog de Ezequiel 38-39, que describe una futura invasión a Israel liderada por una poderosa alianza, a menudo interpretada como incluyendo a Rusia. Algunos creen que esta profecía podría cumplirse pronto.

Ezequiel 38:1-6 NVI

La palabra del SEÑOR vino a mí:

"Hijo de hombre, vuelve tu rostro contra Gog, en tierra de Magog, príncipe soberano de Mesec y Tubal; profetiza contra él y di: 'Esto dice el Señor Soberano: Estoy contra ti, Gog, príncipe soberano de Mesec y Tubal. Te haré volver, te pondré garfios en la quijada y te sacaré con todo tu ejército: tus caballos, tus jinetes completamente armados, una gran multitud con escudos grandes y pequeños, todos blandiendo espadas. Persia, Cus y Fut estarán con ellos, todos con escudos y cascos, también Gomer con todas sus tropas, y Bet Togarmá del extremo norte con todas sus tropas, y muchas naciones contigo..."'

Aunque la profecía de Ezequiel ha sido durante mucho tiempo un punto focal, **el Salmo 83** también está ganando protagonismo en los debates contemporáneos. Este salmo describe una coalición de naciones que conspiran para aniquilar a Israel, un escenario que algunos ven reflejado en las tensiones actuales en el Medio Oriente, donde grupos y naciones hostiles se unen contra el estado judío.

Asaf, el autor del salmo, destaca la fidelidad de Dios en defender a Israel contra tales amenazas. El salmo enumera a los miembros de esta confederación, que muchos interpretan como símbolos de los enemigos de Israel a lo largo de la historia y posiblemente en tiempos modernos.

1. Edomitas: Lo que hoy es el sur de Jordania, estrechamente relacionados con Israel a través de Esaú, el hermano de Jacob.

2. Ismaelitas: Descendientes de Ismael, tradicionalmente asociados con las naciones árabes.

3. Moabitas: La actual región central de Jordania, originarios de la hija mayor de Lot.

4. Hagritas: Un grupo oscuro, posiblemente vinculado a tribus nómadas en el desierto de Arabia.

5. Gebalitas: Se cree que habitaban la actual región del Líbano.

6. Amonitas: Ubicados en el actual norte de Jordania, también descendientes de Lot.

7. Amalecitas: Una tribu nómada con enemistad histórica hacia Israel, posiblemente de la región de la península del Sinaí.

8. Filisteos: Habitantes antiguos de la región de Gaza, cuyo legado persiste en el nombre "Palestina."

9. Tiro: Una ciudad en el actual Líbano, conocida por su influencia fenicia histórica.

10. Asirios: Un imperio basado en el actual norte de Irak y partes de Siria.

La coalición del Salmo 83 representa a las naciones que rodean a Israel, muchas de las cuales comparten una oposición histórica e ideológica profunda hacia el estado judío.

Implicaciones para los Tiempos Modernos

A medida que Oriente Medio sigue siendo un foco de conflicto, con diversas coaliciones formándose y disolviéndose en torno a intereses compartidos, la alineación de las naciones mencionadas en el Salmo 83 con entidades modernas no ha pasado desapercibida para los estudiosos de la profecía. Estos estudiosos a menudo trazan paralelismos entre las antiguas tribus y las naciones o grupos contemporáneos, viendo la continua tensión en la región como un posible precursor del cumplimiento de la profecía de Asaf.

La Conexión con la Profecía de Gog y Magog

Mientras que la guerra de Gog y Magog descrita en Ezequiel 38-39 involucra una alianza posiblemente global contra Israel liderada por una potencia lejana (a menudo interpretada como Rusia), el conflicto del Salmo 83 parece involucrar a los vecinos inmediatos de Israel. Algunos escatólogos argumentan que la guerra del Salmo 83 podría preceder la batalla de Gog y Magog, debilitando a los vecinos de Israel y preparando el escenario para la confrontación global más grande.

Pensamientos Conclusivos

El estudio del Salmo 83 ofrece una perspectiva convincente sobre el clima geopolítico actual en el Medio Oriente. A medida que las naciones continúan compitiendo por el poder y la influencia en la región, las antiguas palabras de Asaf resuenan con implicaciones modernas. Ya sea visto como un precursor de los tiempos del fin o como una profecía distinta aún por cumplirse, el Salmo 83 sigue siendo un componente significativo del estudio escatológico, recordando a los creyentes la relevancia perdurable de la profecía bíblica para comprender los eventos de hoy.

Invader	Location
Edom	Southwest Jordan
Ishmaelites	Arabia
Moab	Central West Jordan
Hagarenes	Sinai
Gebal	Northern Lebanon
Ammon	Northern Jordan
Amalek	Southern Israel or Northern Sinai
Philistia	Southwest Palestine
Tyre	Southwest Lebanon
Assyria	Syria & Northern Iraq
Children of Lot	Moab & Ammon

Esta sección del Salmo 83 destaca la profunda animosidad arraigada y la intención unida de estos diez grupos de borrar a Israel del mapa, reflejando la continua batalla espiritual y física por la tierra prometida a los descendientes de Abraham, Isaac y Jacob.

Claro, a continuación encontrarás la traducción al español de tu libro, manteniendo el significado original:

La Coalición de Diez Naciones: Implicaciones en la Actualidad

1. Edom: Tradicionalmente asociado con el sur de Jordania, la antigua enemistad de Edom hacia Israel simboliza las hostilidades regionales en curso.

2. Ismaelitas: Representando a las naciones árabes descendientes de Ismael, este grupo es simbólico de los conflictos históricos más amplios del mundo árabe con Israel.

3. Móab: Ahora parte del centro de Jordania, las antiguas luchas de Móab con Israel resuenan en las tensiones geopolíticas actuales.

4. Gagreitas: Aunque su equivalente moderno exacto es incierto, probablemente representan tribus nómadas de la Península Arábiga, simbolizando conflictos tribales continuos y la oposición a Israel.

5. Gebal (Biblos): Ubicado en el actual Líbano, la inclusión de Gebal señala las tensiones históricas y actuales entre Israel y el Líbano.

6. Ammón: También vinculado con la Jordania moderna, la antigua enemistad de Ammón con Israel refleja algunas de las relaciones tensas en la región hoy en día.

7. Amalek: A menudo representando el epítome de la oposición a Israel, el legado de Amalek continúa a través de cualquier fuerza que busque la destrucción de Israel.

8. Filistea: Corresponde a la región de Gaza, este grupo está históricamente ligado a los palestinos y representa los conflictos continuos en esa área.

9. Tiro: Situado en el Líbano, la inclusión de Tiro subraya la relación compleja y a menudo adversarial de Líbano con Israel.

10. Asiria: Representando un vasto imperio antiguo, sus contrapartes modernas podrían incluir partes de Irak y Siria, naciones con una historia de oposición a Israel.

El Significado Espiritual

Los esfuerzos de esta coalición para destruir a Israel son más que una mera alianza política o militar; se consideran un intento de invalidar las promesas de Dios y desafiar Su soberanía. El Pacto Abrahamico, el Pacto Davídico y el Nuevo Pacto están todos entrelazados con la existencia y el futuro de Israel. Por lo tanto, la aniquilación de Israel representaría un asalto a la credibilidad y autoridad de la Palabra de Dios.

El Pacto Inquebrantable de Dios

A pesar de las amenazas planteadas por esta coalición, la Biblia nos asegura que las promesas de Dios son irrevocables. Su pacto con Abraham se describe como eterno, y Su compromiso con la restauración de Israel es incondicional. Esta garantía divina no es solo por el bien de Israel, sino por la santidad y el honor del santo nombre de Dios:

1. El Pacto Abrahamico: Esta promesa fundamental garantiza la tierra de Israel a los descendientes de Abraham para siempre (Génesis 12:1-3; Génesis 15:18-21).

2. El Pacto Davídico: Este pacto promete que la línea de David continuará para siempre, culminando en el reinado eterno del Mesías (2 Samuel 7:12-13; Isaías 9:6-7).

3. El Nuevo Pacto: Esto asegura una relación eterna y restaurada entre Dios e Israel, donde Él pondrá Su ley en sus corazones (Jeremías 31:33).

Conclusión

La profecía del Salmo 83 es un recordatorio contundente de la guerra espiritual continua que rodea a Israel. La intención de la coalición de diez naciones de destruir a Israel no es solo una amenaza física, sino un desafío espiritual a las promesas eternas de Dios. Sin embargo, las Escrituras nos aseguran que la Palabra de Dios es inquebrantable, y Su pacto con Israel se mantendrá firme contra cualquier oposición. La importancia del Salmo 83 en la escatología radica en su vívida representación de las batallas espirituales y físicas que han definido y continuarán definiendo la historia y el futuro de Israel.

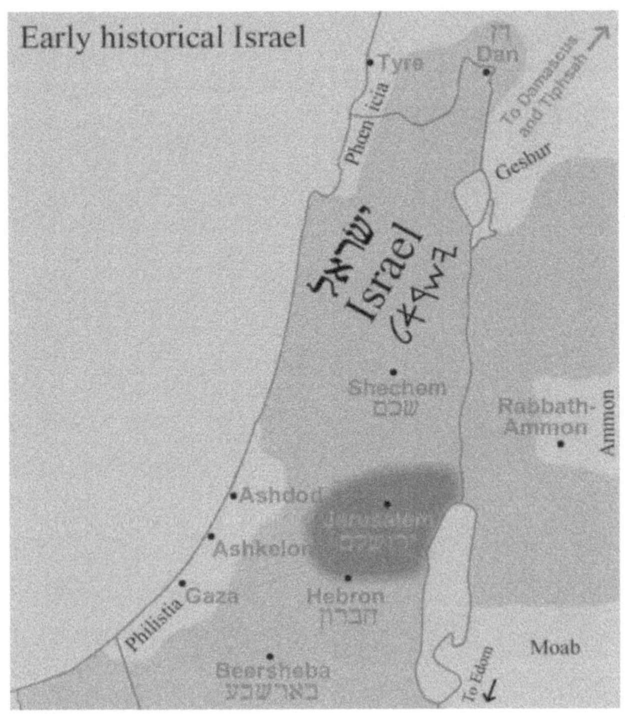

Aunque estos grupos ya no son reconocidos por sus nombres antiguos, interpretaciones modernas sugieren sus equivalentes contemporáneos:

1. **Tiendas de Edom:** Palestinos y jordanos del sur

2. **Ismaelitas:** Sauditas

3. **Moab**: Palestinos y jordanos centrales

4. **Hagritas:** Egipcios

5. **Gebal (Biblos):** Hezbollah y libaneses del norte

6. **Amón**: Palestinos y jordanos del norte

7. **Amalek**: Árabes del Sinaí

8. **Filistea**: Hamas

9. **Tiro:** Hezbollah y libaneses del sur

10. **Asiria**: Sirios e iraquíes del norte

Esta coalición, aunque no está explícitamente unida en acciones contra Israel, comparte una alineación bajo un ethos islámico común, impulsado por rivalidades históricas que se remontan a Ismael e Isaac, y Esaú y Jacob.

Conspiraciones y aspiraciones actuales

Las naciones mencionadas en el Salmo 83 buscan activamente socavar la existencia de Israel, aspirando a convertirlo en un estado incapaz de proteger a sus ciudadanos judíos.

1. Palestinos—Tiendas de Edom; Moab y Amón: Mahmoud Abbas, presidente de la Autoridad Palestina, ha rechazado públicamente la identidad de Israel como un estado judío, reafirmando su compromiso de marchar hacia Jerusalén en desafío.

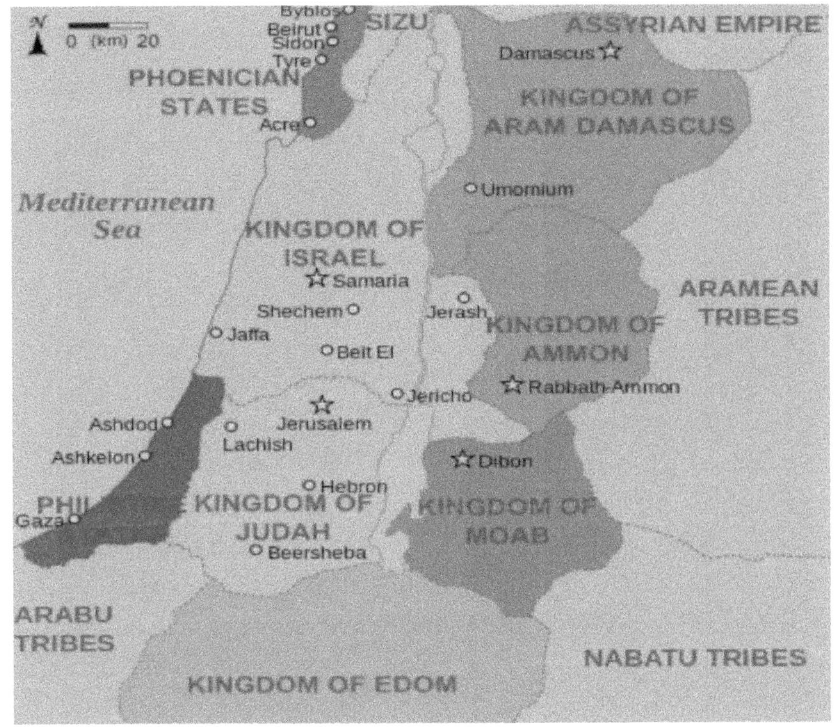

2. Jordanos—Tiendas de Edom; Moab y Amón:** A pesar de un tratado de paz de larga data con Israel, los sentimientos en contra de reconocer a Israel como un estado judío persisten entre los líderes jordanos y la población.

3. Hezbollah y Líbano—Gebal (Biblos) y Tiro:** El liderazgo de Hezbollah ha expresado que la eliminación de Israel es fundamental para los intereses regionales.

4. Hamas—Filisteos:** La organización terrorista aboga abiertamente por la destrucción de Israel, declarando intenciones inequívocas de resistir cualquier indicio de paz.

5. Egipcios (o jordanos del norte)—Hagritas:** Aunque Egipto e Israel han disfrutado de un nivel de cooperación, las dinámicas internas y las animosidades históricas permanecen.

6. Sauditas (o todos los árabes)—Ismaelitas:** Arabia Saudita, a pesar de su alianza con Estados Unidos, se ha opuesto históricamente al establecimiento de un estado judío.

7. Árabes del Sinaí—Amalek:** Este grupo podría representar un segmento dentro de Israel que busca desestabilizar al estado judío.

8. Sirios e iraquíes del norte—Asiria:** La ausencia de relaciones diplomáticas con Siria subraya las hostilidades en curso hacia Israel.

La súplica del profeta por intervención divina

En el Salmo 83, Asaf implora a Dios que avergüence a los miembros de la coalición (Salmo 83:9-18), un tema que se repite en otros textos proféticos. La expectativa de la victoria de Israel podría allanar el camino para futuros conflictos, como la guerra de Gog y Magog descrita en Ezequiel 38, donde los invasores buscarán explotar las vulnerabilidades percibidas de Israel.

Salmo 83: Una profecía no cumplida

Mientras algunos teólogos afirman que los eventos de la Guerra de Independencia de Israel en 1948 o la Guerra de los Seis Días en 1967 cumplieron el Salmo 83, la coalición específica de diez naciones identificadas permanece sin cumplirse, lo que sugiere que un conflicto futuro se materializará. Jeremías 49 abarca declaraciones proféticas sobre los destinos de varias naciones, incluyendo Elam, que corresponde al actual Irán. Se cree que Israel podría atacar el reactor nuclear en el sitio de Bushehr en Elam/Irán, lo que llevaría a la dispersión de sus habitantes, volviendo la región inhabitable.

Contexto del juicio

El capítulo describe el juicio de Dios contra naciones, notablemente Elam, destacando temas de destrucción y desplazamiento. La profecía predice calamidades para Elam y la dispersión de su población, reflejando un principio divino más amplio sobre el juicio contra naciones que desafían la voluntad de Dios o representan amenazas a Su pueblo.

Simbolismo de la destrucción

Las imágenes empleadas en Jeremías 49, como la ruptura del arco de Elam y la dispersión de su gente, pueden interpretarse de manera simbólica. El arco puede representar el poder militar, potencialmente abarcando amenazas militares modernas como las capacidades nucleares. Esta profecía sugiere intervención divina para disminuir o eliminar tales amenazas dirigidas a Israel.

Cumplimiento histórico y futuro

Aunque el texto aborda principalmente juicios históricos, muchas interpretaciones se extienden a escenarios futuros. El concepto de intervención divina en respuesta a amenazas existenciales a Israel se alinea con la creencia de que Dios protege a Su pueblo y actuará contra sus adversarios.

Aplicaciones modernas

Los estudiosos y teólogos contemporáneos a menudo conectan estas profecías con las dinámicas geopolíticas actuales, particularmente en relación con las ambiciones nucleares de Irán y la posibilidad de una acción militar israelí. Pueden sostener que los principios articulados en Jeremías 49 anticipan un futuro en el que Israel toma medidas decisivas para mitigar amenazas de Irán, ilustrando la soberanía continua de Dios y Su mano protectora sobre Su pueblo.

Resumen de estos eventos

Israel fue restablecida como nación en 1948, cumpliendo la profecía descrita en Ezequiel 36:24. Posteriormente, durante la notable Guerra de los Seis Días en 1967, Israel recuperó el control de Jerusalén. Para que las profecías de los últimos tiempos se manifiesten, era crucial no solo que Israel existiera como nación, sino que también tuviera autoridad sobre la antigua Jerusalén y el Monte del Templo (ver Mateo 24:15-21; Apocalipsis 11:1-2; 2 Tesalonicenses 2:4).

Además, la profecía de Gog/Magog en Ezequiel 38-39 establece que los adversarios de Israel perecerán en "los montes de Israel," una profecía que solo se hizo viable después de la Guerra de los Seis Días, ya que antes de eso, la mayoría de estos montes estaban bajo control jordano (Ezequiel 39:2).

Se anticipa que Israel enfrentará una creciente oposición de los países vecinos, lo que indica que no estará viviendo en paz ni seguridad. El conflicto actual entre Israel y Hamas no debe confundirse con la guerra de Gog/Magog. La extensa barrera Gaza-Israel, que tardó más de tres años en construirse y mide 40 millas de largo y 20 pies de alto, fue violada por Hamas, demostrando que Israel no estaba segura cuando los ataques comenzaron el 7 de octubre de este año.

A medida que Israel enfrenta una coalición de diez naciones en lo que se denomina la Guerra del Salmo 83 (Salmo 83:2-8), es evidente que Israel triunfará sobre estos enemigos, sorprendiendo a la comunidad internacional. Esta victoria es significativa, ya que prepara el escenario para que Israel viva en seguridad antes del conflicto posterior de Gog/Magog. Se profetiza la destrucción total de Damasco (Isaías 17:1), probablemente mediante armas nucleares, aunque el cronograma sigue siendo incierto; puede alinearse con la Guerra del Salmo 83, respaldado por la descripción en Jeremías 49:24, que muestra a Damasco en un estado de turbulencia. Además, Jesús se refirió a los eventos que preceden a la Tribulación como "el comienzo de dolores" (Mateo 24:8), añadiendo otra capa a esta interpretación.

El conflicto actual podría significar el comienzo de la Guerra del Salmo 83, especialmente porque ninguno de los estados vecinos de Israel mencionados en el Salmo 83:6-8 está incluido entre las fuerzas invasoras en la Guerra de Gog/Magog, lo que sugiere que han sido sometidos.

Después de esta victoria, se especula que Israel podría expandir su territorio, como sugieren el pastor y autor Bill Salus y otros. Aunque es posible que Israel pueda ejercer control sobre estas naciones como territorios, no se cree que la Guerra del Salmo 83 conduzca a la aniquilación de los vecinos de Israel; más bien, los someterá, haciéndolos incapaces de representar una amenaza. Esta creencia está arraigada en la comprensión bíblica de que Jesucristo finalmente juzgará a algunas de estas naciones en Su regreso.

La construcción del Tercer Templo en Jerusalén es una certeza, aunque el momento sigue siendo incierto (Mateo 24:15-21; Apocalipsis 11:1-2; 2 Tesalonicenses 2:4). Es plausible que el Templo pueda ser reconstruido durante un breve período de seguridad después de la Guerra del Salmo 83 y antes de la Guerra de Gog/Magog, especialmente cuando los preparativos para su construcción ya están en marcha.

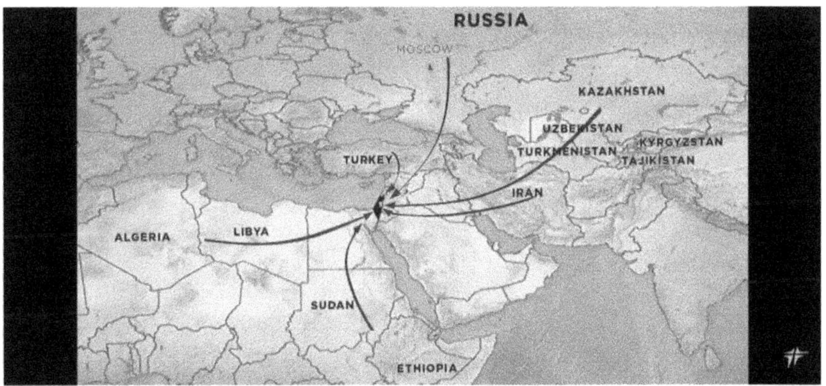

A medida que comienza la Guerra de Gog/Magog, es probable que Irán reaccione con vehemencia a los resultados de la Guerra del Salmo 83, habiendo apoyado financieramente a muchos de los grupos que Israel acaba de derrotar, incluidos Hezbollah, Hamas y varias milicias chiítas. En represalia, Irán incitará la Guerra de Gog/Magog en alianza con naciones como Rusia, Turquía y otras (Ezequiel 38-39). Dios iniciará un movimiento contra Israel, descrito como una tierra restaurada de la guerra y poblada por diversas naciones (Ezequiel 38:8). Los invasores tramarán un plan para atacar la tierra de pueblos sin muros, creyendo que pueden apoderarse de un pueblo que vive en falsa seguridad (Ezequiel 38:10-11).

Dios mismo intervendrá de manera decisiva, derrotando a esta coalición y asombrando al mundo, trayendo así gloria a Su nombre (Ezequiel 38:18-23; 39:1-13). Las fuerzas invasoras serán vencidas mediante la intervención divina utilizando varios medios de destrucción, incluidos terremotos, confusión, pestilencia y fenómenos climáticos catastróficos (Ezequiel 38:19-22). A través de estos eventos, Dios santificará Su nombre ante judíos y gentiles (Ezequiel 38:23; 39:7).

La Iglesia podría experimentar el Rapto durante este tiempo, aunque podría ocurrir un poco antes o después (1 Tesalonicenses 4:13-18; Apocalipsis 4:1).

Tras la victoria milagrosa de Israel, el Anticristo se acercará a la nación, prometiendo paz y protección por siete años. A pesar de haber rechazado a Jesús, Israel aceptará al Anticristo, en consonancia con la profecía de Jesús (Juan 5:43). Esta aceptación iniciará la Tribulación, descrita como un "tiempo de angustia para Jacob" (Daniel 9:27; Jeremías 30:7).

A mitad del período de siete años de la Tribulación, el Anticristo será asesinado y resucitará, lo que llevará a los habitantes de la tierra a adorarlo (Apocalipsis 13:3-4). En un arrebato de autoobsesión, establecerá su trono en el Templo de Dios en Jerusalén, declarándose Dios (Mateo 24:15-21; 2 Tesalonicenses 2:3-4). A través del Falso Profeta, exigirá adoración mundial, imponiendo la aceptación de su marca, lo que llevará a la condenación eterna de los incrédulos (Apocalipsis 13:8, 12, 14-17; 14:9-11; 16:2; 19:20; 20:4).

Jesús regresará para derrotar al Anticristo y sus fuerzas en la Batalla de Armagedón, la confrontación final en la tierra (Salmo 2; 2 Tesalonicenses 2:8; Apocalipsis 16:12-16).

Los habitantes de la tierra enfrentarán un juicio ante el Señor Jesús en dos juicios distintos: uno para los gentiles (Joel 3:1-3; Mateo 25:31-46) y otro para Israel (Ezequiel 20:35-38). Los que sean considerados dignos entrarán en el Reino Milenial, mientras que los demás serán confinados a un lugar de tormento hasta el juicio del Gran Trono Blanco.

El reinado milenial de Cristo comenzará, con Jesús gobernando desde el Monte Sión, el punto más alto de la tierra en ese momento (Salmo 48:1; Isaías 2:2-4; Apocalipsis 20:1-6).

Al final de la Era del Reino, Satanás será liberado brevemente, incitando la rebelión contra Cristo. Finalmente será derrotado y arrojado al Lago de Fuego, donde ya residen el Anticristo y el Falso Profeta (Apocalipsis 20:7-10).

Finalmente, el Señor Jesucristo convocará a todos los incrédulos de toda la historia ante Su Gran Trono Blanco (Apocalipsis 20:11-15), marcando el juicio final. Todos los presentes serán no salvos y serán arrojados al Lago de Fuego.

Dios creará entonces "nuevos cielos y nueva tierra," marcando el comienzo del Día Eterno (Apocalipsis 21:1-22:4; Isaías 65:17; 66:22; 2 Pedro 3:13).

CAPÍTULO 12
LA PREOCUPACIÓN DE CERN

CERN: Pionero en Física de Partículas y su Importancia

La Organización Europea para la Investigación Nuclear, o CERN, es un centro líder en física de partículas, establecido en 1954 cerca de Ginebra, Suiza. Su ubicación fomenta la colaboración internacional, uniendo a científicos de más de 100 países. El sitio es geológicamente estable, lo cual es crucial para el funcionamiento del Gran Colisionador de Hadrones (LHC), el acelerador de partículas más grande del mundo.

La misión de CERN es explorar la naturaleza fundamental del universo. El LHC acelera protones a casi la velocidad de la luz, permitiendo estudios de colisiones de partículas que han llevado a descubrimientos significativos como el bosón de Higgs en 2012. Los avances de CERN en la detección de partículas también tienen aplicaciones médicas, como en la terapia contra el cáncer, y contribuyó a la creación de la World Wide Web. La estatua de Shiva en CERN representa a la deidad hindú conocida como el "Destructor", simbolizando la naturaleza cíclica de la creación y la destrucción. Sirve como una metáfora para la exploración científica del universo, particularmente en la física de partículas, donde las partículas son creadas y

aniquiladas en experimentos. La estatua refleja la idea de que, a través de la destrucción, puede surgir nuevo conocimiento y comprensión.

Algunas interpretaciones sugieren una conexión entre el CERN y la figura bíblica de Apolión, el destructor, mencionado en Apocalipsis 9:1-11, donde una estrella caída abre el Abismo, liberando langostas con el poder de causar daño.

Este pasaje presenta una representación vívida y simbólica de las langostas liberadas del abismo, enfatizando el sufrimiento que causan a aquellos que no pertenecen a Dios. La investigación realizada en el CERN, particularmente en el campo de la física de alta energía, plantea preguntas sobre las posibles consecuencias de manipular las fuerzas fundamentales de la naturaleza.

El paralelismo que algunos trazan entre los experimentos de CERN y las imágenes apocalípticas de Apocalipsis 9 refleja una preocupación subyacente sobre el poder de la ciencia moderna para tocar aspectos desconocidos del universo, con resultados potencialmente impredecibles. Si bien el CERN se centra en la comprensión del cosmos a través de la física de partículas, algunos se preguntan si manipular estas fuerzas fundamentales podría tener repercusiones no intencionadas, como abrir puertas a lo desconocido o desafiar los límites naturales de nuestra realidad.

En el futuro, el CERN planea actualizar el LHC con el Colisionador de Hadrones de Alta Luminosidad (HL-LHC) para finales de la década de 2020, lo que permitirá investigaciones más profundas sobre fenómenos como la materia oscura. También hay propuestas para un Futuro Colisionador Circular (FCC) para explorar más cuestiones fundamentales sobre el universo..

CAPÍTULO 13

EL GRAN REINICIO

Control El Gran Reinicio: Un Camino hacia el Control Global

Introducción

En un mundo contemporáneo cada vez más caracterizado por desafíos globales complejos, ha surgido un narrativo convincente desde instituciones influyentes como el Foro Económico Mundial (WEF). Este narrativo introduce una iniciativa controvertida conocida como el Gran Reinicio. Este ambicioso esfuerzo visualiza un futuro en el que se lleva a los individuos a creer que "no poseerán nada y serán felices."

Sin embargo, un creciente número de críticos sostiene que esta visión
se asemeja más a una forma de comunismo global que a los ideales
apreciados de libertad personal y derechos individuales.

Cuando se examina a través del prisma de la Agenda 2030 de las
Naciones Unidas y la Organización Mundial de la Salud (OMS), el
Gran Reinicio parece ser un componente crucial de una estrategia más
amplia destinada a establecer un gobierno mundial centralizado para
el año 2030. Unido al manejo controvertido de la pandemia de
COVID-19—ampliamente considerada por los escépticos como una
crisis fabricada—y el narrativo predominante en torno al cambio
climático causado por el hombre, este capítulo profundizará en estos
temas interconectados e investigará las implicaciones de las monedas
digitales de bancos centrales (CBDC) como posibles instrumentos de
control global. Además, se examinará el enfoque de la iniciativa en
diversidad, equidad e inclusión (DEI) para revelar cómo estos
principios sirven para promover la agenda general. En última
instancia, este marco plantea preocupaciones sobre la posibilidad de
un desastre económico que podría allanar el camino hacia un nuevo
sistema en el cual el Anticristo podría emerger y gobernar el mundo,
posiblemente imponiendo la famosa marca de la bestia.

El Gran Reinicio: Un Plan para el Control

El Gran Reinicio fue presentado oficialmente por el WEF en junio de 2020, enmarcando la pandemia de COVID-19 como una oportunidad única para repensar y remodelar nuestras economías y sociedades. La frase provocativa "no poseerás nada y serás feliz" resume una visión donde...

Las nociones tradicionales de propiedad y posesión individual son descartadas en favor de recursos compartidos y arreglos de vida comunitaria. Si bien tales ideas pueden articularse con un lenguaje seductor de sostenibilidad y equidad social, plantean profundas preocupaciones sobre la autonomía individual y la libertad económica.

Los críticos afirman que este plan es un intento apenas disimulado de implementar un marco comunista global, en el cual el Estado, en lugar del individuo, ejerce el control sobre los recursos y dicta la distribución de la riqueza. La promesa tentadora de felicidad en un mundo donde la propiedad se vuelve obsoleta es percibida como una ilusión engañosa, que oculta la dura realidad de una mayor dependencia de los sistemas gubernamentales. Al promover un discurso que disminuye la responsabilidad personal y la propiedad, el Gran Reinicio podría allanar el camino para una sociedad donde los individuos se encuentren sujetos a los caprichos de una autoridad centralizada, despojados de sus derechos y libertades.

Agenda 2030 y la Búsqueda del Gobierno Global

La Agenda 2030 de las Naciones Unidas, establecida en 2015, establece 17 Objetivos de Desarrollo Sostenible (ODS) destinados a abordar problemas globales urgentes como la pobreza, la desigualdad y la sostenibilidad ambiental. Aunque estos objetivos pueden parecer nobles a primera vista, se les critica por su potencial para socavar la soberanía nacional y las libertades individuales. La alineación de la Agenda 2030 con los principios del Gran Reinicio sugiere un esfuerzo coordinado para establecer una estructura de gobernanza global centralizada que podría anular la toma de decisiones locales e imponer políticas uniformes en todo el mundo.

El papel de la OMS en este marco general es particularmente preocupante, ya que...

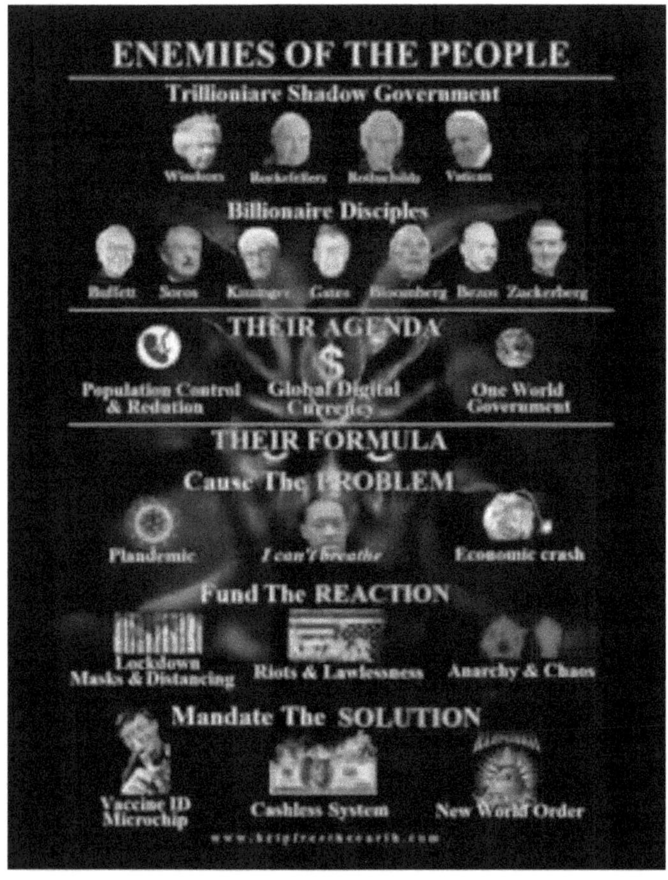

La organización aboga por políticas y prácticas de salud armonizadas entre las naciones. La pandemia de COVID-19 se ha utilizado como justificación para fomentar una mayor cooperación y control sobre la salud pública, lo que ha llevado a muchos a expresar preocupaciones sobre la erosión del gobierno local y los derechos individuales.

Esta trayectoria plantea preguntas críticas sobre hasta qué punto las organizaciones globales dictarán elecciones relacionadas con la salud y el estilo de vida en nombre del bienestar y la seguridad pública.

La pandemia de COVID-19: ¿Una crisis fabricada?

La pandemia de COVID-19 ha transformado indudablemente el panorama global, pero muchos escépticos afirman que el discurso a su alrededor ha sido manipulado deliberadamente para avanzar en los objetivos del Gran Reinicio y la Agenda 2030. Los críticos sostienen que la pandemia no fue simplemente una crisis de salud pública natural, sino una crisis fabricada con el fin de infundir miedo y justificar medidas autoritarias. La rápida implementación de confinamientos, mandatos de vacunación y sistemas de vigilancia intrusivos ha generado una creciente preocupación por el exceso de poder gubernamental y la degradación de las libertades civiles.

Esta perspectiva sostiene que la pandemia sirvió como una oportunidad estratégica para que los globalistas impulsaran su agenda, explotando el miedo generado por el virus para promover la aceptación de cambios radicales en la gobernanza y las estructuras económicas. Los detractores argumentan que el discurso sobre la pandemia no solo es un tema de salud pública, sino también un medio para acondicionar a la población a un futuro en el que las libertades individuales se sacrifican en aras de la seguridad y el control colectivos.

Cambio climático causado por el hombre: Una justificación conveniente

En conjunto con la narrativa del COVID-19, el discurso sobre el cambio climático causado por el hombre también ha ganado protagonismo como justificación para una intervención gubernamental extensa. La afirmación de que la actividad humana está impulsando un cambio climático catastrófico ha sido aprovechada para promover políticas que priorizan la sostenibilidad ambiental sobre el crecimiento económico.

Sin embargo, los escépticos argumentan que esta narrativa a menudo se exagera, sirviendo como pretexto para implementar políticas que restringen las libertades personales al tiempo que expanden el control gubernamental. El impulso por medidas radicales para combatir el cambio climático se alinea estrechamente con los principios del Gran Reinicio, en el cual los sistemas económicos se reestructuran bajo...

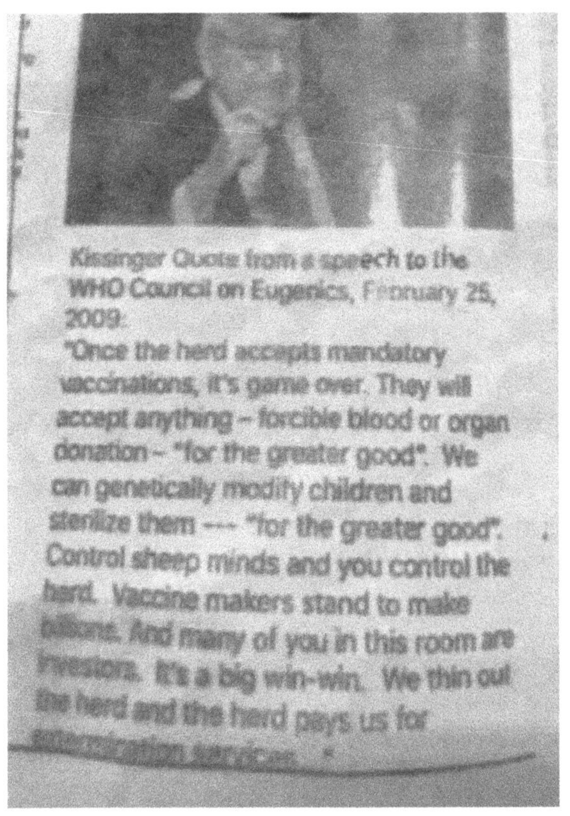

bajo el pretexto de la responsabilidad ambiental. Los críticos sostienen que esto crea una paradoja: mientras se afirma proteger el planeta, estas medidas pueden, de manera inadvertida, generar una mayor disparidad económica y una disminución de la autonomía individual. El discurso en torno al cambio climático, por lo tanto, se convierte en otra herramienta en el arsenal de quienes abogan por un control centralizado.

Hitler's close confidant, the industrialist and fascist "Eugen Schwab" was in charge of "Escher-Wyss" and had his own concentration camp where prisoners had to work for free. They owned nothing and I suspect were bloody miserable. Klaus is an apple from the same tree.

5:00 AM · May 24, 2022

Monedas Digitales de Bancos Centrales: La Última Frontera del Control

Uno de los desarrollos más alarmantes que emerge de esta agenda global es el creciente impulso hacia las monedas digitales de bancos centrales (CBDC). Los defensores argumentan que las CBDC pueden modernizar las transacciones financieras y mejorar la eficiencia económica. Sin embargo, los críticos advierten que estas monedas digitales podrían convertirse en la herramienta definitiva para la vigilancia gubernamental y el control sobre la vida financiera de los individuos.

Con las CBDC, los gobiernos tendrían la capacidad de monitorear y regular cada transacción, imponiendo potencialmente restricciones basadas en criterios de comportamiento. Este nivel de supervisión genera preocupaciones significativas en cuanto a la privacidad y la libertad, ya que los ciudadanos podrían encontrarse operando en un sistema donde su autonomía financiera está gravemente comprometida. La integración de las CBDC en el marco del Gran Reinicio señala un futuro en el que las transacciones financieras personales estarían sujetas a escrutinio y control por parte de una autoridad centralizada, lo que levanta alarmas sobre la erosión de los derechos individuales.

Diversidad, Equidad e Inclusión: Una Herramienta para la Conformidad

Un aspecto esencial del Gran Reinicio es su énfasis en la diversidad, equidad e inclusión (DEI). Aunque estos principios a menudo se promueven como caminos hacia la justicia social y la igualdad, los críticos argumentan que funcionan como mecanismos para imponer la conformidad y suprimir puntos de vista disidentes. La promoción de iniciativas DEI podría crear un entorno donde se espere la adhesión a perspectivas ideológicas específicas, sofocando el diálogo abierto y el pensamiento crítico.

En el contexto del Gran Reinicio, la integración de DEI en las políticas corporativas y gubernamentales puede interpretarse como un medio para consolidar aún más el control. Al priorizar la identidad grupal sobre el mérito individual, la agenda podría...

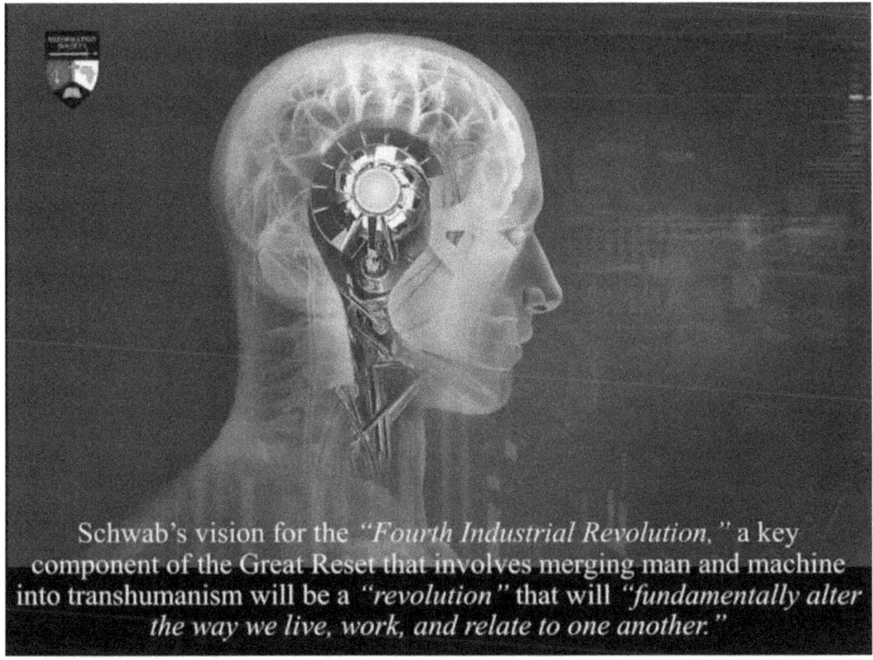

inadvertidamente crear divisiones dentro de la sociedad, socavando la misma unidad que pretende promover. Este enfoque en DEI puede convertirse en una herramienta para imponer la conformidad con los objetivos más amplios del Gran Reinicio, obligando a los individuos a alinearse con un conjunto específico de valores o correr el riesgo de ser excluidos de los beneficios sociales.

SEPTEMBER 14, 2022 · 1 HR 32 MIN
Government Creating a 'Luciferase' Mark to Track Vaccinations; CDC Admits Myocarditis Risk
CrossroadsET

▶ Play

El Potencial de un Desastre Económico y el Auge del Anticristo

A medida que el Gran Reinicio se desarrolla, surgen preocupaciones sobre el posible desencadenamiento de un desastre económico que podría servir como precursor de un nuevo sistema de control. La reestructuración radical de las economías y la imposición de monedas digitales de bancos centrales (CBDC) pueden llevar a una inestabilidad financiera sin precedentes. Este trastorno podría crear las condiciones necesarias para un nuevo orden mundial, un sistema en el cual una figura autoritaria singular, comúnmente referida como el Anticristo, podría ascender al poder.

En esta visión distópica, el Anticristo podría establecer su dominio sobre la población global, utilizando mecanismos como la propuesta marca de la bestia para imponer la conformidad y eliminar cualquier disidencia. La aterradora posibilidad de un mundo donde los individuos se vean obligados a aceptar un identificador digital para participar en la vida económica es motivo de alarma para quienes valoran la libertad individual y la autonomía. En este escenario, la convergencia del Gran Reinicio, la Agenda 2030 y el impulso por las CBDC podría culminar en una sociedad donde las libertades personales se sacrifican en el altar del control colectivo, permitiendo a una figura de poder inmenso dictar las condiciones de existencia para todos.

Conclusión

El Gran Reinicio, cuando se considera en conjunto con la Agenda 2030 de la ONU y las narrativas en torno a la pandemia de COVID-19 y el cambio climático, representa una red compleja de ambiciones globales que merece un examen minucioso y crítico. Aunque los objetivos declarados pueden resonar con ideales de sostenibilidad, equidad social e inclusión, las implicaciones para las libertades individuales y la soberanía nacional son profundas y profundamente preocupantes. A medida que el mundo se encuentra al borde de posibles cambios hacia las CBDC y un mayor control gubernamental, es imperativo que los ciudadanos evalúen críticamente las narrativas propagadas por organizaciones poderosas. El futuro de la gobernanza global está en un punto de inflexión, y las decisiones tomadas hoy podrían determinar si los derechos y libertades individuales se preservan o se entregan a un poder centralizado.

Es esencial que la conversación se oriente hacia la transparencia, la rendición de cuentas y la protección de las libertades personales ante el creciente autoritarismo, asegurando que el futuro permanezca en manos de la mayoría en lugar de unos pocos. La búsqueda de una sociedad más equitativa no debe venir a expensas de los derechos fundamentales que sustentan la verdadera libertad y democracia.

CAPÍTULO 14
MISTERIO DE BABILONIA

Misterio de Babilonia: Desentrañando la Identidad de los

Estados Unidos en el Apocalipsis

El Libro de Apocalipsis, un profundo relato lleno de imágenes apocalípticas y simbolismo intrincado, ha intrigado a eruditos, teólogos y mentes curiosas por generaciones. Una de sus figuras más provocativas es "Misterio de Babilonia", comúnmente interpretada como una representación de la decadencia moral, el materialismo desenfrenado y la degradación espiritual. Aunque los Estados Unidos de América no se mencionan explícitamente en los textos sagrados, muchos sostienen que las similitudes entre esta nación y los atributos del Misterio de Babilonia son tanto convincentes como preocupantes. Este capítulo busca profundizar en las características definitorias de Misterio de Babilonia, analizar el panorama socioeconómico y cultural de los Estados Unidos, y argumentar que la conexión entre ambos no solo es plausible, sino también profundamente alarmante.

PROPHECY ABOUT MYSTERY BABYLON

YAHUAH is against Mystery Babylon!
By reviewing what He says in regard to Babylon you will be able to properly
determine that the United States of America is Mystery Babylon.

CHARACTERISTICS OF MYSTERY BABYLON

- Mystery Babylon is a nation, not a system *(Jeremiah 50:12)*
- Babylon has a mother that bore her and her mother will be ashamed *(Jeremiah 50:12)*
- Babylon will reap the wrath of YAHUAH *(Jeremiah 50:13)*
- Babylon has sinned against YAHUAH *(Jeremiah 50:14, 24)*
- Babylon was the hammer of the whole earth *(Jeremiah 50:23)*
- She has been proud against YAHUAH *(Jeremiah 50:29)*
- YAHUAH is against Babylon *(Jeremiah 50:31)*
- Babylon will be called the "Lady of Kingdom's" *(Isaiah 47:5)*
- Babylon will have a drought *(Jeremiah 50:38)*
- Babylon is a land of carved images *(Jeremiah 50:38)*
- Babylon is insane with their idols *(Jeremiah 50:38)*
- The other nations in the world are drunk off her wine, or deeply influenced by her *(Jeremiah 51:7, Revelation 18:3)*
- There are people who live in Babylon that originate from other countries *(Jeremiah 51:9)*
- Babylon is located around many waters *(Jeremiah 51:13)*
- Babylon is abundant in treasures *(Jeremiah 51:13)*
- Babylon tried to get up to heaven *(Jeremiah 51:53)*
- Babylon becomes a dwelling place of demons. It is a prison for every foul spirit. It is a cage for every unclean and hated bird. *(Revelation 18:2)*
- The businessmen of the earth become rich from Babylon's abundance *(Revelation 18:3)*
- Babylon glorified herself and lived luxuriously *(Revelation 18:7)*
- Other kings and rulers of the earth will have become rich and lived luxuriously because of her *(Revelation 18:9)*
- The businessman will weep because they can't do business the same anymore *(Revelation 18:11)*
- Babylon will have a great city that allowed others to become rich because of her wealth *(Revelation 18:19)*
- Babylon's businessmen were the great men of the earth *(Revelation 18:23)*
- From their sorcery, Babylon's businessmen deceived the whole earth *(Revelation 18:23)*
- There is a lot of sorcery and enchantments going on in Babylon *(Isaiah 47:9)*
- Babylon will be the youngest of nations *(Jeremiah 50:12)*
- Babylon will be the center of the world *(Revelation 18:3)*
- Babylon uses astrology, sorcerers, and mystics for guidance *(Isaiah 47:13, Revelation 18:2)*

JUDGEMENT AGAINST BABYLON

- Babylon's idols will be humiliated and her images will be broken in pieces (Jeremiah 50:2)
- All that take part in Babylon's plundering will be satisfied (Jeremiah 50:10)
- YAH allows others to take out vengeance on Babylon (Jeremiah 50:14-15, 25-27,29)
- Babylon's young men will fall in the streets (Jeremiah 50:30)
- It will be overthrown like Sodom & Gomorrah (Jeremiah 50:40)
- When Babylon is taken, the earth trembles and a cry is heard from other nations (Jeremiah 50:46)
- Babylon will have a day of doom (Jeremiah 51:2)
- Babylon will fall and be destroyed (Jeremiah 51:8)
- YAHUAH will take vengeance upon Babylon. (Jeremiah 51:11)
- YAH's plan is to destroy Babylon (Jeremiah 51:11)
- Babylon's plagues will come in one day (Revelation 18:8)
- Babylon's judgement will come in one hour (Revelation 18:16, 17, 19)

BABYLON WILL BE ATTACKED

- A nation from the north will attack Babylon (Jeremiah 50:3,41)
- Babylon's land will become desolate and inhabitable for both man & animals (Jeremiah 50:3,13,39,41)
- YAHUAH will cause many nations from the north to assemble and attack Babylon (Jeremiah 50:9, 51:6)
- Babylon will be plundered (Jeremiah 50:10)
- Babylon's army will be cut off (Jeremiah 50:30)

BABYLON & ISRAEL

- Babylon carried away Hebrew slaves into captivity (Jeremiah 52:28-30)
- Many in the church (the assembly) in Babylon will be lost sheep (Jeremiah 50:6)
- Pastors & influencers in Babylon will lead the church astray (Jeremiah 50:6)
- They don't rest in YAHUAH anymore (Jeremiah 50:6)
- The bridegroom & bride will no longer be there (Revelation 18:23)

WARNINGS

- Babylon's young men will not be spared (Jeremiah 51:3)
- The most proud in Babylon will stumble and fall (Jeremiah 50:32)
- There will be fires in the proud's cities and they will devour Babylon (Jeremiah 50:32)
- Those that come against Babylon will be cruel and will not show mercy (Jeremiah 50:42)
- Come out of Babylon (Revelation 18:4)

truthunedited.com

Comprendiendo la Esencia de Misterio de Babilonia

Misterio de Babilonia es retratada en el Apocalipsis como una gran metrópolis, una entidad formidable que ejerce una influencia significativa sobre los poderes mundiales. Se caracteriza por su riqueza extravagante, corrupción moral y prácticas idólatras. Apocalipsis 17 la denomina "la madre de las rameras", sugiriendo un nivel profundo de depravación que va más allá del mero poder político o económico. Esta entidad también se asocia con la persecución de los fieles, personificando un ethos que se opone radicalmente a los principios divinos y celebra el exceso y el placer hedonista.

La vívida imaginería que rodea a Misterio de Babilonia pinta un retrato inquietante de una sociedad que ha abandonado las verdades espirituales en favor del beneficio material y los placeres desenfrenados. Este tema central resuena a lo largo del texto, emitiendo advertencias severas sobre las inevitables consecuencias que acompañan a dicho estilo de vida: una caída que a menudo se describe como rápida y catastrófica.

Chapter 17
is talking of the
whore of Babylon,
a religious entity

Los Estados Unidos - Un Reflejo Contemporáneo

Al examinar a los Estados Unidos a través del lente de las características comúnmente atribuidas a Misterio de Babilonia, los paralelismos se vuelven cada vez más evidentes. En primer lugar, los Estados Unidos funcionan como una superpotencia global, ejerciendo una influencia sustancial sobre la política y la economía internacional. Su formidable fuerza militar y capacidades económicas le permiten dominar el escenario global, reflejando el reinado de Misterio de Babilonia sobre los gobernantes de la tierra.

Chapter 18
is dealing with a governmental entity

Culturalmente, Estados Unidos exporta un estilo de vida que a menudo se caracteriza por el consumismo y el individualismo. Desde el brillo de Hollywood hasta el atractivo de la moda rápida, la cultura estadounidense promueve valores que con frecuencia priorizan la satisfacción personal a expensas del bienestar comunitario. Esta búsqueda implacable de riqueza material y estatus social se alinea estrechamente con las advertencias bíblicas contra la idolatría y la decadencia moral. La omnipresencia de la cultura de consumo estadounidense puede verse como un reflejo moderno del vacío espiritual descrito en el Apocalipsis.

Económicamente, Estados Unidos ejemplifica los extremos de riqueza y pobreza, funcionando dentro de un marco capitalista que tiende a recompensar el exceso mientras descuida las necesidades de los menos afortunados. Esta flagrante disparidad económica refleja la decadencia asociada con Misterio de Babilonia, donde los ricos continúan acumulando riqueza, a menudo a expensas de los marginados y desfavorecidos. El impulso implacable por obtener ganancias, sin considerar las implicaciones éticas, resuena con las advertencias encontradas en el Apocalipsis sobre las graves repercusiones de la avaricia desmedida.

El Panorama Moral y Espiritual

El panorama moral de la América contemporánea también suscita preocupaciones significativas que reflejan la descripción de la Misteriosa Babilonia. En las últimas décadas, ha habido un cambio notable y preocupante hacia el secularismo, acompañado de un declive gradual de los valores morales tradicionales. La normalización de comportamientos que antes se consideraban inaceptables, junto con la disminución de la influencia de las instituciones religiosas, señala un posible alejamiento de los fundamentos judeocristianos que muchos consideran esenciales para una sociedad saludable y próspera.

Además, la creciente persecución de individuos y comunidades que defienden los estándares morales convencionales destaca una creciente división en la sociedad. Aquellos que abogan por los principios judeocristianos a menudo se encuentran en conflicto con una cultura que abraza cada vez más el relativismo y la ambigüedad moral. Esta tensión refleja la narrativa bíblica de los fieles siendo oprimidos y marginados, lo que refuerza aún más la conexión entre los Estados Unidos y las características de la Misteriosa Babilonia.

En resumen, aunque los Estados Unidos no se mencionan directamente en las páginas del Libro de Apocalipsis, la correlación entre esta nación y la figura de la Misteriosa Babilonia es innegablemente sorprendente. A través de su supremacía política, influencia cultural, excesos económicos y declive moral, EE.UU. encarna muchos de los atributos asociados con esta entidad enigmática. Las advertencias incrustadas en Apocalipsis sirven como un cuento aleccionador, instando a la sociedad contemporánea a reflexionar críticamente sobre sus valores y elecciones. A medida que Estados Unidos continúa navegando las complejidades y desafíos de la vida moderna, las lecciones de la Misteriosa Babilonia resuenan con profunda relevancia, llamando a la introspección y un retorno a principios más arraigados y espiritualmente alineados. Las implicaciones de estos paralelismos son significativas, desafiándonos a contemplar la trayectoria de nuestra sociedad, incluido el declive moral y económico, así como las posibles consecuencias de una guerra nuclear.

CAPÍTULO 15
JESÚS VIENE MUY PRONTO

"¡Miren que vengo pronto! Mi recompensa está conmigo, y le daré a cada uno según lo que haya hecho" (Apocalipsis 22:12).

Dios promete coronas como recompensas por la fidelidad y el servicio. Aquí hay siete coronas mencionadas en las Escrituras, junto con una breve descripción de cada una:

1. La Corona de Vida: Mencionada en Santiago 1:12 y Apocalipsis 2:10, esta corona está prometida a aquellos que soportan pruebas, tentaciones y persecuciones por su fe. Significa la vida eterna y la recompensa por la firmeza frente a la adversidad.

2. La Corona Incorruptible: En 1 Corintios 9:24-25, esta corona es otorgada a quienes ejercen dominio propio y disciplina en sus vidas espirituales. Simboliza la recompensa por correr la carrera de la fe con perseverancia y dedicación.

3. La Corona de Justicia: En 2 Timoteo 4:7-8, el apóstol Pablo habla de esta corona, que se da a aquellos que anhelan el regreso de Jesucristo. Representa la justicia que proviene de la fe y la esperanza de la vida eterna, especialmente para quienes esperan con ansias la segunda venida de Cristo.

4. La Corona de Gloria: Mencionada en 1 Pedro 5:2-4, esta corona es específicamente para líderes y pastores que guían y cuidan al pueblo de Dios. Significa la recompensa por el servicio fiel y la responsabilidad del liderazgo espiritual.

5. La Corona de Gozo: Encontrada en 1 Tesalonicenses 2:19-20, esta corona se conoce a menudo como la corona del ganador de almas. Se otorga a aquellos que llevan a otros a Cristo, reflejando el gozo y la satisfacción de participar en la obra redentora de Dios.

6. La Corona de la Fe: Aunque no está explícitamente nombrada en las Escrituras, esta corona está asociada con la fidelidad de los creyentes a lo largo de sus vidas. Representa la recompensa por mantener la fe en Dios y confiar en Sus promesas.

7. Aquí tienes la traducción al español: La Corona por Esperar Su Aparición**: Específicamente vinculada a la expectativa del regreso de Cristo, esta corona está asociada con aquellos que viven en anticipación de la segunda venida de Jesús. Aunque a menudo se relaciona con la "Corona de Justicia", enfatiza la importancia de la esperanza y la preparación para el regreso del Señor.

1 Tesalonicenses 5:2-4 dice:

"Porque vosotros sabéis perfectamente que el día del Señor vendrá como ladrón en la noche. Que cuando digan: Paz y seguridad, entonces vendrá sobre ellos destrucción repentina, como los dolores a la mujer encinta, y no escaparán. Mas vosotros, hermanos, no estáis en tinieblas, para que aquel día os sorprenda como ladrón." (RVR1960)

En este pasaje, el apóstol Pablo enfatiza que aunque el día del Señor pueda llegar de manera inesperada para aquellos que no están vigilantes, los creyentes —descritos como "no en tinieblas"— deberían estar conscientes y preparados para el regreso de Cristo.

Así que, para concluir, espero que este libro te ayude a prepararte en estos últimos momentos para el regreso del Señor. Ahora más que nunca, nosotros, la última generación, debemos dar nuestro último empuje, ya sea en el ministerio, dando o en la autopurificación. ¡Es como correr una carrera, cuando ves la línea de meta, corres lo más rápido que puedes porque sabes que el tiempo se acaba!

La Guerra del Salmo 83 no conducirá a la aniquilación de los vecinos de Israel; más bien, los someterá, dejándolos incapaces de representar una amenaza. Esta creencia está basada en la comprensión bíblica de que Jesucristo juzgará a algunas de estas naciones en su regreso final.

ARE
YOU
READY?

MUCHO MÁS

Hay mucho más que podría desarrollar en este libro sobre la censura, la manipulación de la verdad, la despoblación, la proliferación de vacunas no probadas y el borde de guerras devastadoras. Sin embargo, he concluido que este no es el espacio para tales discusiones. Mi propósito con este libro es hacer sonar la alarma de que Cristo viene muy, muy pronto; de hecho, está a la puerta.

1.   1 Tesalonicenses 5:2-3 (NVI): "Porque ustedes saben perfectamente que el día del Señor llegará como ladrón en la noche. Mientras la gente esté diciendo: 'Paz y seguridad', la destrucción vendrá sobre ellos de repente, como los dolores de parto a una mujer encinta, y no podrán escapar."

2.   2 Pedro 3:10 (NVI): "Pero el día del Señor llegará como ladrón. Los cielos desaparecerán con un estruendo, los elementos serán destruidos por el fuego, y la tierra y todo lo que hay en ella será desnudado."

Apocalipsis 3:3 (NVI): "Así que recuerda lo que has recibido y oído; obedécelo y arrepiéntete. Pero si no te mantienes despierto, vendré como un ladrón, y no sabrás a qué hora vendré sobre ti."

Apocalipsis 16:15 (NVI): "¡Miren que vengo como ladrón! Dichoso el que se mantiene despierto y conserva su ropa, para que no ande desnudo y se vea su vergüenza."

Estos pasajes enfatizan el regreso inesperado y repentino de Cristo. Sin embargo, para aquellos de nosotros que buscamos diligentemente Sus señales, no será inesperado. Con los eventos que están por desarrollarse en el mundo, me sorprendería mucho seguir esperando a Cristo en 2025. Pero, de nuevo, solo Jesús lo sabe.

Para aquellos interesados en eventos mundiales que están fuertemente censurados debido a su naturaleza maligna y que no están disponibles en plataformas convencionales, visiten stopworldcontrol.com. David Sorensen ha hecho un excelente trabajo descubriendo el mal en nuestro mundo hoy. Aunque no comprende completamente el futuro de Dios para la humanidad, su trabajo sigue siendo valioso.

SOBRE EL AUTOR

Darren Shirley, nacido en 1969 en Edmonton, Canadá, se mudó a México en 1997. Mis padres y mi hermana me siguieron a Puerto Vallarta en 2004. Tengo dos hijos nacidos aquí con mi primera esposa y me volví a casar en 2018 con Lanoi. Comencé a interesarme por la profecía bíblica cuando tenía 14 años, lo que me llevó a ser salvo a los 16. Desde entonces, ha sido mi pasión compartir mis ideas con cualquiera que tenga oídos para oír. Espero que este libro también inspire a otros a difundir el mensaje del inminente regreso de Cristo, guiándolos hacia Su salvación y Su glorioso reino.

PENSAMIENTOS FINALES

Cuando era niño, me interesaba mucho hacer laberintos. Practicaba creándolos con un nivel de dificultad muy alto. Los llevaba a la escuela para que mi maestro hiciera copias para todos mis compañeros de clase, y a menudo los frustraba, con solo uno o dos logrando resolverlos a tiempo. Incluso el matón de la clase me dijo que no se podía hacer, así que tuve que mostrarle cómo, o hubiera terminado en una pelea. Al reflexionar sobre esto, me doy cuenta de cómo mi vida ha sido como un laberinto. Muchas veces pensé que estaba yendo en la dirección correcta, solo para llegar a un callejón sin salida. No fue sino hasta hace poco que encontré la salida de este loco laberinto de la vida y ahora estoy sobrio y con la mente clara sobre la verdad.

Quiero agradecer a mi esposa, Lanoi, quien es la mujer más increíble, hermosa, compasiva y fuerte que he conocido. Sin su apoyo y amor, estos últimos años habrían sido mucho más difíciles. Gracias por todo. ¡Alabado sea Dios!

Para más comunicación, pueden contactarme en livingpv@gmail.com

9 789696 957925 06